ANTOINE

WATTEAU

SON ENFANCE, SES CONTEMPORAINS

ANT.
WATTEAU.

C. Collier / 1833

ANTOINE

WATTEAU

SON ENFANCE, SES CONTEMPORAINS

J.-A. Gérin. — Robert Alardin. — Girardin. — Gaspard Mignon. — Julien
Watteau. — N. Vleughels. — Pierre Dumont. — Ant. Pater. — Dubois.
— J.-B. Pater. — J. Saly. — Ant. Gilis. — Fr. Eisen.
— Ch. Eisen. — Louis Watteau.— François Watteau.

Par L. CELLIER.

————————>•<————————

VALENCIENNES.

IMPRIMERIE DE LOUIS HENRY, LIBRAIRE-ÉDITEUR

1867

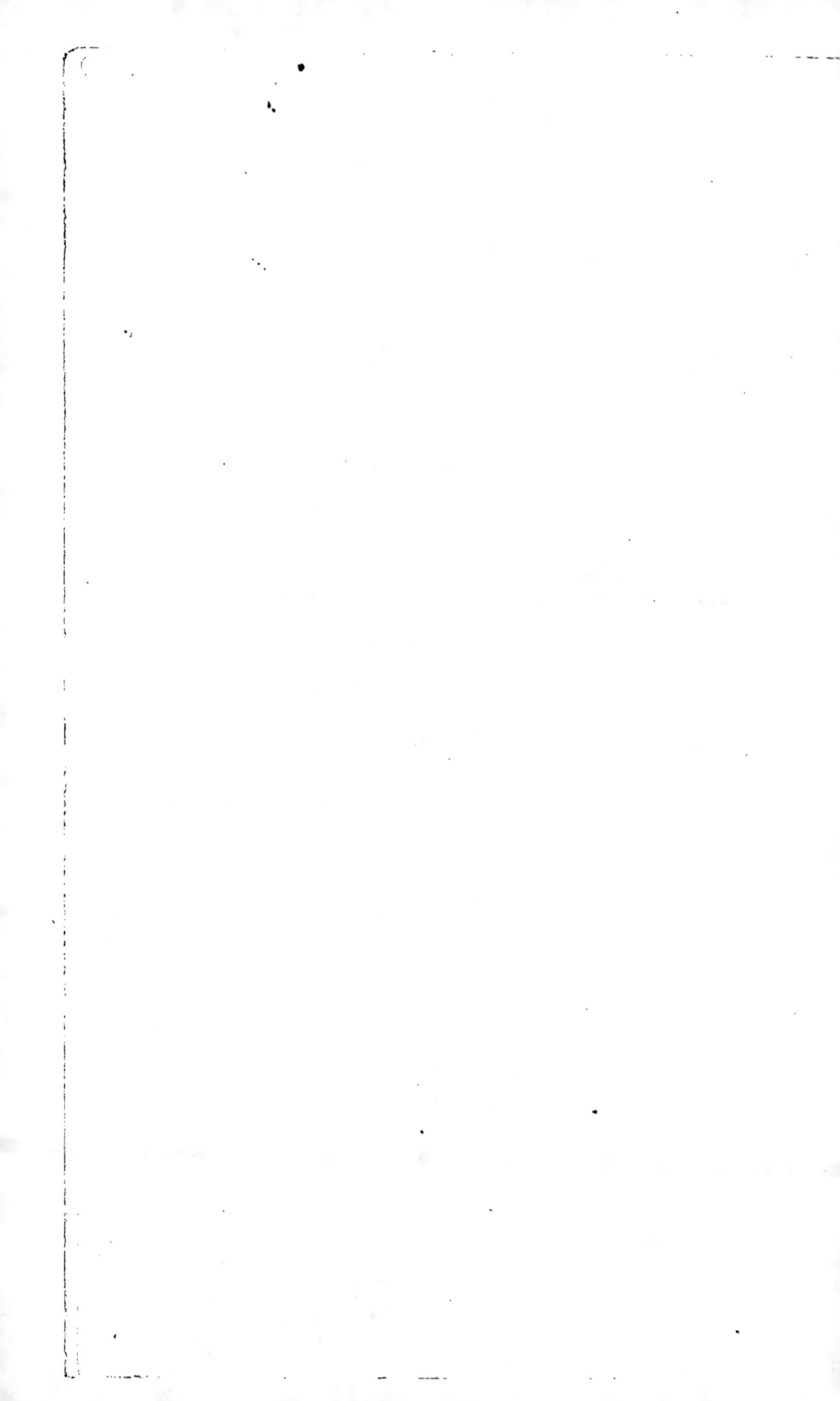

WATTEAU

SON ENFANCE, SES CONTEMPORAINS.

Le zèle pieux d'un compatriote vient, après quinze ans de démarches et de travaux persévérants, de relever le monument qui recouvrait, dans la ville de Nogent-sur-Marne, les restes mortels d'Antoine Watteau. Tardive mais juste réparation de l'injure faite à ses cendres au temps de la Révolution.

On sait que ce tombeau, élevé à la mémoire du grand peintre par de fidèles amis, fut détruit en un jour de colère par des insensés qu'on n'excuse pas en disant qu'ils croyaient s'attaquer à la tombe d'un aristocrate.

Etrange alliance de mots ! Watteau un aristocrate ! ce travailleur obstiné qui jamais n'eut souci de sa fortune et dont un toit étranger abrita les derniers moments.

Mais qui donc à Nogent connaissait encore en 1793 le nom du peintre des fêtes galantes ?

Il est des gens assez malheureux pour ne pas comprendre le respect dû aux morts illustres et pour trouver matière à

1

des plaisanteries dans le culte que la patrie rend à ceux qui l'ont faite grande et renommée. Et pourtant c'est par ce culte qu'une nation s'honore et se rend solidaire de la gloire acquise par ses enfants.

M. L. Auvray et ceux qui l'ont aidé dans sa patriotique entreprise peuvent s'énorgueillir à juste titre et nous leur devons en particulier une profonde reconnaissance. Le tombeau que le 15 octobre 1865 a vu inaugurer n'ajoutera rien sans doute à la gloire d'Antoine Watteau, mais il popularisera de plus en plus son nom, jusqu'à ce qu'un monument tout-à-fait digne de lui vienne illustrer une des places de sa ville natale.

Ce sera bientôt, tout le fait espérer, et le talent de l'artiste qui a tenu à honneur d'en entreprendre l'exécution répond d'avance que l'œuvre sera à la hauteur de l'homme qu'elle doit faire revivre.

Le jour où J.-B. Carpeaux découvrira sa statue sera pour nous un beau jour ; tout Valenciennois l'appelle de ses vœux. En attendant j'avais rêvé pour Watteau un hommage plus modeste et d'une réalisation moins difficile, un jour que je relisais ces vers, heureusement cités par M. Onésime Leroy dans un de ses ouvrages :

> Si jamais je suis maire.
> Je veux qu'un bon conseil, un éloge sommaire,
> Sur de nobles logis mettant un noble sceau,
> De tout grand citoyen éclaire le berceau.

Je me disais qu'il ne serait pas peu intéressant de signaler aux étrangers par une inscription l'endroit que la nature a choisi pour « enfanter » celui qui devait un jour « la peindre en beau. »

J'allais plus loin encore. Pourquoi, disais-je, se borner au seul Watteau ? Pourquoi refuserait-on un honneur pareil à tant d'hommes remarquables dont Valenciennes est fière d'avoir protégé le berceau ? L'abondance de biens n'est pas ici un embarras dont personne puisse songer à se plaindre.

Je sais bien que les profondes modifications apportées à l'état physique de notre ville, surtout depuis trois quarts de

siècle, ont fait disparaître plus d'une maison historique ; je
sais qu'avec les hôtes le temps a le plus souvent emporté le
logis ; mais il reste la tradition qui nous en fera reconnaître
la place et cela peut suffire à la rigueur.

La couleur locale est chose nécessaire ; il ne faut pas toutefois en pousser la recherche à l'extrême.

C'est dans la muraille d'une maison neuve que s'enchâsse
à Condé la pierre commémorative de la naissance de Clairon ;
car la chétive demeure du sergent Latude n'a pu être conservée (1). Aussi l'inscription ne donne-t-elle pas cette maison
comme étant celle de Clairon ; elle indique seulement qu'en
ce lieu vit le jour l'interprète la plus parfaite qu'aient ren-
contrée nos grands poètes tragiques.

Pourquoi serions-nous plus exigeants à Valenciennes ?

Il ne suffit pas qu'on imprime que tel endroit a vu naître
tel ou tel personnage historique. L'archéologie n'est point
une science populaire et le public ne s'amuse guère à établir
une corrélation entre le livre et l'édifice. Il faut qu'un objet
palpable s'empare de son attention et c'est là ce qui motive
ma proposition.

Ne serait-il pas opportun d'emprunter à l'Allemagne cette
coutume touchante dont parle un écrivain ?

« Sur les murs de tous les temples, dit-il, à une place
réservée, sont fixées des plaques de marbre sur lesquelles on
grave le nom de ceux qui ont bien mérité du pays et l'indica-
tion sommaire des actes pour lesquels ils ont été jugés dignes
d'être signalés à la reconnaissance ou à l'admiration de la
postérité.

» Ces tableaux, plus durables que les médailles commémo-
ratives, ont en outre l'avantage de constituer en quelque
sorte des archives historiques pour chaque localité, et des
titres de noblesse pour les familles dont un ou plusieurs
membres ont reçu les honneurs de l'inscription murale, et ils

(1) Cette maison n'existe plus, mais avant qu'on en jetât bas les
pauvres murailles, un artiste de talent, M. L. Rossy, avait eu soin
d'en prendre une vue exacte qui fait partie de la *Galerie historique*
de la Société impériale d'agriculture de Valenciennes.

sont en même temps un motif permanent de louable émulation. »

Les inscriptions qu'avait en vue l'auteur des vers rapportés ci-dessus et dont je voudrais voir réaliser l'idée, n'auraient pas d'autre objet.

Sans doute il est de nos gloires que forcément il faudrait négliger faute de notions suffisantes.

Il est triste par exemple de ne pouvoir déterminer où furent les larès paternels de Froissart, d'ignorer même dans quel temple il fut présenté au baptême. A moins qu'une découverte inattendue ne vienne dissiper l'obscurité qui enveloppe la première partie de la vie du chroniqueur, il faut se contenter de vagues hypothèses. Mais c'est en vain qu'on espérerait mieux ; le xive siècle n'était pas prodigue de paperasses et les registres des paroisses, s'il en existait, étaient tenus avec une extrême négligence.

Il est encore bien d'autres hommes illustres à l'égard desquels nous devons déplorer l'indifférence de nos vieux écrivains; mais heureusement le nombre de ceux dont l'existence offre moins d'obscurité est encore assez grand.

Il ne serait pas inconvenant, je suppose, qu'on lût sur la façade de l'église de St-Géry :

Ici naquirent
en 1170
Isabelle de Hainaut, reine de France,
aïeule de saint Louis,
en 1171
Bauduin Ier, empereur de Constantinople.

Il ne le serait assurément pas de placer sur la première maison de la rue Salle-le-Comte une table de marbre rappelant que, dans l'enceinte de l'antique palais de nos princes, vinrent au monde Henri, deuxième empereur de Constantinople, Philippa de Hainaut, reine d'Angleterre, Emmanuel de Lalaing, etc.

Sur une des maisons qui forment le côté gauche de la rue de Beaumont, aux environs de la Place Verte, je voudrais voir mentionner le nom de l'empereur d'Allemagne HENRI VII, né en 1272 (1).

Sur la face principale de l'arsenal, l'ancien hôtel de Maingoval, brillerait le nom de CHARLES DE LANNOY.

Pour ces grands noms point de difficulté. La trace de si hauts personnages est facile à suivre du berceau jusqu'à la tombe; de père en fils on s'en est répété l'histoire. Il n'en est pas de même des hommes partis de très-bas et que leur génie seul a portés au sommet de l'échelle sociale. Pour ceux-là les recherches sont longues, fastidieuses et bien souvent stériles.

Où se trouvait, en 1684, l'établissement de ce bourgeois modeste qui ne se doutait guère en présentant à l'église, le 10 octobre, le second de ses fils, que cet enfant rendrait célèbre un jour dans le monde entier le nom obscur de Watteau? Est-il possible de le découvrir?

Répondre par une négation formelle serait trop hasardeux, et cependant les plus laborieuses investigations n'ont rien révélé de positif.

Watteau est né, le 10 octobre 1684, dans la circonscription de la paroisse St-Jacques (2), c'est un fait authentiquement constaté par les registres de baptêmes de la fabrique. Ses parents s'étaient unis dans la même église le 7 janvier 1671.

(1) Au temps de l'annaliste Louis de la Fontaine, on conservait encore dans le couvent des Dominicaines, dites religieuses de Beaumont, le berceau de Henri de Luxembourg, élu plus tard empereur d'Allemagne sous le nom de Henri VII. La chambre dans laquelle il vint au monde était, au dire d'un autre écrivain, « sous le dortoir, tirant vers Saint-Nicolas, laquelle fut ensuite démolie pour agrandir le monastère. » Le magasin à poudre de la place Verte est contruit sur l'emplacement de l'ancienne église de St-Nicolas; la chambre dont parle la chronique se trouvait à l'endroit d'une maison aujourd'hui détruite et dont il ne reste plus qu'une partie de la façade du rez-de-chaussée, formant la clôture d'un jardin, à la suite du n° 25 de la rue de Beaumont.

(2) La paroisse St-Jacques, du diocèse d'Arras, englobait toute la partie de la ville située sur la rive gauche de l'Escaut, à l'exception d'une enclave peu étendue de la paroisse de l'Epaix, sur l'emplacement de l'Hôpital général. Elle comprenait encore un quartier de la rive droite borné par la rue Ste-Croix, la rue de Paris jusqu'au canal des Récollets, ce canal lui-même et l'Escaut.

Mais les actes ecclésiastiques étaient rédigés alors avec un laconisme bien fait pour dérouter les curieux.

Quel renseignement utile tirer d'une pièce ainsi conçue ?

« Le 10 octobre 1684 fut baptisé Jean-Antoine, fils légitime » de Jean-Philippe Wateau et de Michelle Lardenois sa » femme.

» Le parin Jean-Antoine Bouché.

» La marine Anne Mailliar.

» P. R. P^{tre}. »

Une tradition, très-vraisemblable il faut le reconnaître, place dans la rue Basse-du-Rempart, autrefois rue Verte, l'habitation des parents de notre artiste au moment de sa naissance. On en voudrait une preuve irrécusable ; je l'ai cherchée sans la trouver.

Les registres de la capitation auraient pu nous fournir des indications précises, mais par une déplorable fatalité le rôle de 1684 n'existe plus et celui qui se rapproche le plus de cette date est de 1697. Alors Jean-Philippe Watteau avait quitté la circonscription de St-Jacques ; il habitait avec sa famille une maison de la rue des Chartreux, au coin de celle dite sous la Vigne (n° 20 de la rue de Mons).

Le dénombrement de 1699 (1) nous montre le maître couvreur revenu aux alentours de son ancienne paroisse, dans une maison neuve bâtie au pourtour de l'abbaye de St-Jean (2). C'était la septième à partir de l'entrée principale, ce qui répond à peu près aux numéros 39 ou 41 de la rue de Paris.

(1) *Dénombrement de tous les hommes, femmes, etc.* C'est un précieux manuscrit, enrichi de plans très-exacts, conservé au dépôt des archives communales. Il fut dédié à M. de Magalotti, lieutenant général des armées du roi et gouverneur de Valenciennes, au mois de juin 1700.

(2) L'abbaye de Saint-Jean était située devant la place de ce nom et s'étendait du n° 49 au n° 51 de la rue de Paris. La vue qu'en a dessinée Simon Leboucq en 1650 nous la montre isolée de toutes parts ; cet aspect fut notablement modifié par la suite. Des maisons construites à l'alignement de la chaussée par les religieux, qui en retiraient un grand profit, cachaient aux regards la plus grande partie du monastère. C'est une de ces maisons qu'habitait Jean-Philippe Watteau, au commencement du xviiie siècle.

A cette époque Jean-Antoine avait seize ans environ ; ce n'était plus un écolier, l'artiste avait déjà pu se révéler. Aussi, puisque la maison natale reste inconnue, c'est là que je voudrais voir placer une pierre commémorative. On y lirait, au lieu de *ici naquit,* cette inscription non moins intéressante :

ICI VÉCUT
ICI TRAVAILLA WATTEAU.

———

« Tout a été dit et bien dit sur Watteau. » Ainsi parlait M. Arsène Houssaye, le 15 octobre 1865, en s'adressant à la foule pressée autour du monument de Nogent-sur-Marne. Nul sans doute ne contredira l'élégant écrivain s'il a voulu dire par là que justice entière a été rendue à l'artiste, et son œuvre appréciée comme elle le mérite par les critiques les plus compétents, sans tenir compte des préventions d'autrefois. En effet notre admiration l'a bien vengé des mépris systématiques d'une école sévère et trop exclusive. La mode ne peut fausser longtemps le goût public ; un jour arrive où forcément il revient à la vérité, à la poésie.

Watteau prôné par ses contemporains, décrié plus tard outre mesure par les disciples de David, a repris à la fin le rang qui lui est dû parmi les hommes qui sont la gloire de la France artistique, non loin du Poussin et de Lesueur, à côté de Claude Lorrain.

Mais comment se rendre à l'avis de l'orateur s'il a parlé au point de vue de la biographie du peintre valenciennois ?

Il est certain qu'on a beaucoup écrit sur Watteau. De nos jours il a inspiré des pages charmantes, pleines de vie et de lumière comme ses œuvres, à M. Arsène Houssaye lui-même, en première ligne, à MM. Charles Blanc, De Goncourt, et autres ; mais, de bonne foi, peut-on voir autre chose dans ces écrits que d'élégantes broderies ornant un canevas sans consistance ?

En habiles virtuoses ces écrivains ont enrichi de brillantes fantaisies une mélodie banale, sans parvenir néanmoins à en dissimuler l'insignifiance. On reconnaît aisément que ces ingénieux travaux ont pour origine commune la notice bien sèche donnée par Gersaint dans le catalogue de la collection Quentin de l'Orangère. On s'est habitué à considérer cette pièce comme une sorte d'évangile artistique et chacun s'est mis à la copier, sans songer à s'assurer de la réalité des faits allégués, sans chercher à l'étendre autrement que par les procédés de la rhétorique.

Cette notice, écrite par une plume amie, porte, j'en conviens, un caractère de vraisemblance qu'on ne peut méconnaître; les souvenirs personnels de Gersaint sont précieux, mais il n'a rien connu de l'origine et de l'enfance de celui dont il parle. C'est le point sur lequel pèchent comme lui les autres biographes. Ne nous en étonnons pas quand nous voyons que la ville natale du peintre a conservé si peu de documents sur cette époque de sa vie.

Dans une étude sur Lekain, l'acteur Regnier, de la Comédie-Française, disait qu'on se plaît à entourer les commencements d'une carrière brillante de difficultés et de déboires qui n'ont pas toujours existé, ou de persécutions qui n'ont pas toujours été aussi cruelles qu'on veut bien le dire. Il en est ainsi pour Watteau.

Quelques auteurs, pour relever d'autant son mérite, ont insisté sur la position précaire de ses parents. Ces mots « le fils du couvreur », pour désigner le peintre de toutes les élégances, présentaient à leur esprit une antithèse piquante dont ils se sont empressés de faire usage, peu soucieux de la justesse de l'application. Leur erreur est grande, on va le voir.

Les personnages du nom de Watteau (Wattiau dans le dialecte rouchi), étaient nombreux à Valenciennes à la fin du XVIIᵉ siècle, et la plupart, sans être dans l'opulence, exerçaient des professions lucratives. Dans le dénombrement de 1699, cité plus haut, figurent entr'autres un maître couvreur du prénom de Bartholomé, deux rentières, un marchand de toiles nommé Timothée, etc. En 1697, se trouve un mulquinier ayant pour prénom Antoine. Tous sont portés au rôle de la capitation comme des bourgeois et non comme des prolétaires.

9

En remontant à la fin du xvi siècle on rencontre dans les registres des Choses communes un Denis Wasteau, merchier, qui se fait, en 1586, recevoir bourgeois de Valenciennes. Serait-ce l'auteur commun de ces différentes familles?

J'ignore où M. Arsène Houssaye a trouvé qu'un grand oncle d'Antoine, peintre lui-même, avait sa résidence à Anvers. A-t-il usé de son droit de romancier en créant ce personnage dans l'intérêt de sa mise en scène? ou bien est-ce qu'il a voulu parler de Julien Watteau, reçu maître peintre à Valenciennes en 1693 ? Celui-ci était le parent, sans doute, mais non l'oncle ou, comme Hécart l'a écrit par erreur, le frère d'Antoine. C'est d'ailleurs le seul peintre du nom de Watteau qui soit connu antérieurement au xviii siècle.

Jean-Philippe Watteau, le père du grand artiste, n'était pas un artisan, ainsi qu'on a paru le croire, mais bien un homme établi et à son aise. Comme plusieurs autres membres de sa famille il exerçait la profession de maître couvreur.

Ce qui reste des registres des comptes de la ville de la fin du xvii siècle, nous le montre tantôt seul, tantôt en société avec quelque confrère, chargé d'importantes entreprises pour l'entretien ou l'érection d'édifices municipaux. C'est ainsi qu'en 1683 il « couvre de thuiles ung lieu situé tout proche des escuries des pavillons et proche des archers. »

En 1684, la « maindœuvre et livrance de thuiles pour la couverture de la petite boucherie » lui demeure « sur recours. »

En 1690 il entreprend « l'entretien des couvertures de tuiles des vieux et nouveaux bastiments de ceste ville, l'école dominicale et ses dépendances, et aussi des couvertures de tuiles des casernes, de la citadelle, pavillons et courtines de cette ville. »

En 1693, il érige un « apendis au Paon pour les pompes servant à esteindre les feux. »

J'ai vu il y a quelques années, entre les mains d'un bouquiniste, le contrat de vente d'une maison sise, si ma mémoire est fidèle, dans la rue des Cardinaux, faite au profit de Jean-Philippe Watteau.

2

Voilà de bien petits détails, mais ils m'ont paru nécessaires pour établir que la position de fortune de l'homme dont il s'agit était, sinon brillante, du moins bien supérieure à ce qu'on se figure en lisant les écrits des biographes de son fils.

Ce qui le prouve encore c'est l'éducation qu'il put donner à ce fils, c'est surtout la facilité qu'il lui laissa de s'engager dans une carrière difficile, qui nécessite au début de lourds sacrifices et devient rarement lucrative par la suite.

Jean-Philippe n'était pas lui-même dépourvu d'instruction. Sa signature sur les registres de la paroisse Saint-Jacques, où il a été appelé plus d'une fois à l'apposer, est ferme et nette ; c'est celle d'un homme ayant l'habitude de tenir la plume, et ce n'était pas là un mérite commun au XVIIe siècle, même dans la bourgeoisie.

Pouvant apprécier par lui-même l'utilité des connaissances littéraires, il a fait ce qu'il pouvait pour instruire son fils dans une certaine mesure. Antoine en effet n'était rien moins qu'il-lettré. On a conservé de lui des fragments de correspondances où se remarquent des idées très-justes, exprimées avec une certaine élégance naïve qui ne manque pas de charme.

Quand donc avait-il pu se donner ce talent ? Est-ce à Paris, où dès son arrivée, à l'âge de dix-huit ans, il eut à lutter contre la mauvaise fortune ? La chose est tout-à-fait invraisemblable. Ce ne peut être qu'à Valenciennes, sous l'aile paternelle, dans une des écoles de la ville, chez les jésuites peut-être ou bien à l'abbaye de Saint-Jean dont justement on vient de voir que sa maison était voisine.

Parmi les lieux communs qui forment le fond des diverses biographies de notre artiste, il en est un qu'il répugne particulièrement d'admettre. C'est celui qui nous montre le jeune Watteau, auditeur assidu des parades foraines, sentant sa vocation se décider devant les troupes de saltimbanques dont son crayon s'essaie à reproduire les poses grotesques. Ce

conte doit être renvoyé au « livre des quenouilles », comme
bien d'autres, comme l'histoire de Clairon, née un mardi-gras
et baptisée au milieu d'un bal masqué par le curé de Condé
déguisé en Pierrot, assisté de son vicaire en costume d'Arlequin.

Ici c'est de la part de la tragédienne écrivant ses mémoires
une simple coquetterie de mise en scène; mais on s'étonne
que des gens sérieux aient pu accepter et commenter la
légende de Watteau. Cela se comprendrait à peine si ce
genre avait été celui des bambochades ; mais il en diffère
beaucoup et, on l'avouera, il ne peut exister aucun rapport
entre les élégants personnages de la comédie italienne qu'il
aima à peindre et les tabarins de la foire.

Ce n'est que dans les romans qu'on voit l'artiste se former
seul entre les mains de la nature. La place publique est une
mauvaise école; Watteau, quel que fût son génie, a dû nécessairement commencer comme tout le monde par une étude
sérieuse des principes de l'art. La perfection même de son talent, la science de son dessin, en sont les meilleures preuves.

Non ce ne sont pas les saltimbanques devant lesquels il a
pu s'arrêter qui ont déterminé son goût. La fréquentation
d'hommes habiles, l'étude attentive des richesses artistiques
que renfermaient de son temps les établissements religieux
et autres de la ville, ont puissamment contribué à développer
ses rares facultés. Watteau, avant de connaître l'Opéra, avant
de rencontrer Gillot, n'avait sans doute jamais songé à peindre des scènes galantes ou des comédiens; ses débuts à l'atelier de Gérin, son premier maître, ont été apparemment ceux
d'un peintre d'histoire, et c'est en cette qualité qu'il préten-
dait aller à Rome quand il se présenta au concours du grand
prix.

On a trop peu fait d'attention, à mon avis, au milieu artistique
dans lequel a vécu et grandi le futur peintre des fêtes galantes, et qui fut, ceci n'est pas un vain paradoxe, le berceau
même de l'art du XVIIIᵉ siècle.

Il y avait pourtant là un point d'histoire intéressant à relever. N'est-il pas étonnant de voir une ville flamande, devenue

française contre son gré et par la force des événements, rui-
née en partie par suite de la conquête, se venger du vainqueur
en dotant la France d'une école artistique incomparable, qui
pendant près d'un siècle a étendu son influence bien au delà
des frontières?

N'est-il pas vrai qu'après avoir cité les noms de Watteau et
de Pater pour la peinture, d'Eisen pour le dessin, de Saly
pour la sculpture, c'est-à-dire quatre des plus hautes personnalités artistiques du dernier siècle, n'est-il pas vrai que l'on
est fondé à soutenir que cet art, qui par sa coquetterie, son
élégance et son allure spirituelle a mérité d'être nommé l'art
français par excellence, est sorti tout entier de Valenciennes,
comme jadis la peinture flamande eut en quelque sorte son
point de départ dans la même ville, au temps d'Harlinde et
de Renilde.

Et pour qu'on ne me taxe pas d'outrecuidance à propos
de cette dernière assertion, je m'appuierai du témoignage
d'un écrivain belge, M. Ch. Potvin, en extrayant les lignes
suivantes d'une étude qu'il a publiée récemment sur la peinture flamande ancienne et moderne (1).

« Une légende, dit-il, raconte qu'en 714 deux filles d'un
seigneur de Denain, Harlinde et Renilde, élevées dans un
couvent de Valenciennes, allèrent fonder à Maeseyck un monastère et s'y livrèrent avec ardeur à l'art d'enluminer les manuscrits. Ces deux saintes filles, venues du Hainaut, préparent
dans le pays de Liége le berceau des deux peintres qui doivent
illustrer la Flandre : les Van Eyck. Comme plus tard l'histoire de la littérature nous montrera Jean le Bel venant de
Liége à Valenciennes pour être le maître de Froissart; comme
l'histoire de la peinture nous montrera l'école de Maestricht
et celle de Tournai précédant l'école de Bruges, et la peinture
flamande recrutant ses élèves dans tout le pays, à Dinant,
à Liége, à Bruxelles, à Malines, à Anvers, à Bruges. Ainsi

(1) *Revue des Cours littéraires de la France et de l'étranger*, n° du
7 octobre 1865.

la légende paraît symboliser l'unité artistique des provinces belgiques. »

— · · —

Dans ces romans ingénieux que le public bénévole accepte comme biographies de Watteau, entr'autres inventions dont la raison est choquée, il en est une contre laquelle je m'étonne qu'aucune voix ne se soit élevée jusqu'ici. Sur quoi se sont fondés M. Dinaux et ceux qui l'ont suivi quand ils ont donné pour premier maître au jeune artiste un infime barbouilleur qui put à peine lui montrer à tenir le crayon ?

Etant données la position sociale du père de Watteau, telle qu'elle vient d'être exposée, et sa sollicitude pour l'éducation de son fils, le fait ne peut présenter une ombre de vraisemblance qu'à la condition d'admettre que notre ville était, à la fin du XVIIe siècle, entièrement dépourvue d'hommes de talent. Or c'est là une hypothèse injurieuse contre laquelle proteste mon amour-propre de Valenciennois. A aucune époque de son histoire les artistes de mérite n'ont fait défaut à Valenciennes. Dans ce siècle même, la corporation des peintres et sculpteurs s'était trouvée assez importante pour réclamer son érection en confrérie particulière sous l'invocation de saint Luc, tandis que jusque là elle avait été confondue « avec les gorliers, esperoniers, scelliers, armoyeurs et autres mesthiers, sous la branche saint Georges. »

A la tête de cette corporation se trouvait, vers la fin du siècle, un peintre d'histoire d'une valeur réelle, bien que sa réputation ne se soit guère étendue hors des limites de la Flandre, et dans l'atelier duquel, suivant la tradition, est allé s'instruire le jeune Watteau.

Ce peintre c'est Jacques-Albert GÉRIN.

A peu près oublié dans son propre pays, cet artiste n'a été connu d'aucun des écrivains français qui se sont occupés de l'histoire de l'art. Cependant il a eu ses jours de gloire. Hécart, dans la courte notice qu'il lui a consacrée, le considère comme l'un des plus grands peintres qu'ait produits Valenciennes.

« Il se fit admirer, dit-il, par la correction du dessin, par la sagesse de ses savantes compositions, par la variété de ses portraits et par la belle ordonnance de ses tableaux d'histoire. Ce peintre eût égalé les plus grands maîtres si, aux parties qu'il possédait, il avait joint celle du coloris. »

Il est bien difficile de contrôler la justesse de cette appréciation, car l'œuvre de Gérin a presque entièrement disparu dans la tourmente révolutionnaire. Les bombes de 1793 n'ont pas épargné ce que la main des hommes eût peut-être respecté. Les toiles innombrables dont il avait, dans le cours de sa longue carrière, décoré les édifices religieux de la contrée, sont détruites; on n'en rencontre plus que çà et là des vestiges, méconnus même par les curieux.

Hécart, qui avait vu ces peintures dans leur intégrité, les mentionne en passant d'une manière tellement succincte qu'il omet même d'en indiquer les sujets. Néanmoins il importe de citer ce passage.

« Le plus beau des tableaux de Gérin, dit-il, était aux Carmélites. Les Dames de Beaumont, les Sepmeriennes, les Urbanistes, en possédaient plusieurs. Celui qui était à la chapelle de l'Intendance, dite *Vicoignette*, faisait l'admiration des connaisseurs. Les figures y étaient si parfaitement drapées qu'on ne s'apercevait pas de la monotonie qui aurait dû régner dans un tableau dont presque toutes les figures étaient des carmes ; c'était aussi celui de ses tableaux où la carnation était la plus vraie. Dans tous ses ouvrages les draperies étaient parfaitement rendues; on eût dit que ce peintre avait étudié d'après l'antique ; mais la nature seule et son goût avaient été ses maîtres. Il n'est jamais sorti de son pays. »

Le biographe dit en terminant qu'il ne connaît plus que deux tableaux de Gérin : une *Adoration des Rois*, que l'on voit à Douai, dans l'église Notre-Dame, et un autre, à Lille, dans l'église Ste-Catherine (1).

Ces tableaux existent probablement encore; je ne les ai pas

---

(1) On ne sait pas ce qu'est devenue une *Sainte Famille* que possédait autrefois le frère aîné d'Hécart.

vus, mais ce qui précède laisse supposer que ce sont des
œuvres d'une certaine importance. Toutefois nous sommes
plus riches que ne le supposait Hécart. Depuis l'époque où
parut sa notice (1825) on a retrouvé à Valenciennes et dans
les environs quelques toiles dont l'authenticité n'est pas dou-
teuse. En voici l'énumération.

1° Au musée de la ville (n° 91 du catalogue), un tableau de
0.87 c. de hauteur sur 1 m. 18 c. de largeur, représentant
un enfant appuyé sur une tête de mort et soufflant des bulles
de savon. Ce n'est pas une œuvre transcendante; cependant on
y reconnaît la main d'un habile homme, exempt de cette timi-
dité qui est le défaut ordinaire des peintres de province.
M. Aimé Leroy, autrefois bibliothécaire à Valenciennes, possédait une répétition du même sujet; elle a dû passer aux mains
de son fils, actuellement maire de Raismes.

2° Dans la chapelle de l'hôpital-général, une toile importante, dont le sujet est saint Gilles guérissant des malades
dans une église d'Orléans. C'est un bon tableau où se révèlent
les qualités attribuées à l'artiste par son biographe. Le dessin
est correct, la composition bien agencée, mais le coloris laisse
à désirer. L'auteur a signé *J. A. Gérin 1691*. C'est un ouvrage
de sa vieillesse.

3° Dans l'église de Fresnes, un tableau représentant un saint
religieux en adoration devant l'enfant Jésus. C'est un de ceux
qui décoraient jadis la chapelle de l'Intendance.

Gérin était en quelque sorte le peintre officiel de la muni-
cipalité valenciennoise. C'est à lui qu'on s'adressait dans les
circonstances solennelles, ou quand il s'agissait de décorer
les édifices communaux. Son nom se trouve assez souvent
cité dans les registres des comptes de la ville.

En 1685, par exemple, il lui est payé vingt-huit livres pour
avoir fait les armes du Roi, « mises dans ung ouve en dessus
de la grande salle d'entrée de Monseigneur le gouverneur
(Magalotti). »

La même année il reçoit encore cinquante-sept livres « pour
avoir fait les armes de Monseigneur le gouverneur, celles de
la ville et celles de M. le Prévost, par ordre d'iceluy, pour

poser à la grande verrière de la chapelle St-Pierre, et pour un dessin nouveau pour mettre sur le portail de la même chapelle. » Faut-il, par cette dernière phrase, entendre que Gérin a été l'architecte de ce portail dont M. Rossy a donné une restitution très-pittoresque ? (N° 108 du catalogue de la *Galerie historique valenciennoise.*)

L'an 1681 il fut chargé de dessiner une suite de sujets tirés de la vie de St-Gilles, patron de Valenciennes, destinés à être exécutés en tapisserie de haute lisse pour orner cette même chapelle de St-Pierre. Peintures, cartons et tapisseries sont malheureusement perdus. Il ne reste plus qu'un livre de comptes, conservé aux archives, pour montrer ce qu'était ce travail (1).

Je n'ai pu retrouver encore la date de la naissance de Gérin ; mais les registres de la paroisse St-Jacques m'ont fourni l'acte de son mariage (1664), et celui de sa mort (1702). Il habitait à cette époque une maison de la rue de l'Intendance, sur l'emplacement de celle qui porte le numéro 31 ou 33.

(1) Ces tapisseries furent exécutées par Philippe de May. Voici la partie du registre qui concerne spécialement Gérin :

Mises et délivrances d'argent faictes par le compteur sur et allencontre de la recepte avant ditte pour le regard des desseins, tant en figures comme en bastiments perspectiues et verdures nécessaires pour les fabriques des huit pièces de tapisseries, à cause que les desseins de verdure des pièces de tapisseries de Monsieur le Gouverneur sur lesquels il at esté résolu que le tappissier travailleroit n'ont peu suffire pour l'achevement desdittes huit pièces.

Premier :

A Jacques-Albert Gérin at esté payez le six de juin de l'an seize cent quatre vingt deux la somme de deux cens quarante nœuf livres douze sols tournois pour avoir peint et livré à Phles de May, maistre tappissier, quattre pièces de peintures servantes de desseins, sçavoir une pièce représentante saint Gilles, de la grandeur de deux pieds six pouches, avecq une biche seullement, au prix de huit pattacons et de travailler les aultres pièces à l'advenant.

La deuxième pièce représentant la chasse du Roy, la troixiesme la visitte et la quattriesme saint Gilles donnant sa bénédiction aux animaux portant icy .... ॥ᶜˣˡᶦˣ l. xɪɪ s.

Encore audit Jacques-Albert Gerin at esté payez la somme de cent

C'est dans cette maison, c'est sous ce maître expérimenté qu'étudia Watteau. La tradition est formelle, bien que M. Dinaux ait dit, dans une notice publiée il y a quelques années, que rien ne constate positivement ce fait.

Et quelle preuve positive cet écrivain voulait-il qu'on lui donnât, autre que les rapports oraux ?

Les artistes ont-ils jamais eu coutume de tenir un registre de l'admission et de la sortie des élèves, comme un chef d'atelier, comme un maître de pension? Ces élèves eux-mêmes étaient-ils astreints à prendre un livret? On n'a jamais douté que Raphaël fût élève du Perugin, Rubens d'Otto Venius, Van Dyck de Rubens ; cependant la tradition seule nous l'a fait connaître.

Si les biographes de Watteau n'ont pas nommé son maître, c'est que la réputation de Gérin était toute locale et, comme je l'ai dit, n'avait pas dépassé les limites de la Flandre. Ils écrivaient à Paris pour la plupart ; quelle raison pour eux de se préoccuper d'un obscur artiste de province ? Ils ont passé outre, bien convaincus de ne pas se tromper en le supposant dépourvu de mérite.

Mais il est un témoignage qui doit être ici d'un grand poids, c'est celui d'Hécart ; cet auteur en effet avait pu recueillir les souvenirs de contemporains des deux artistes et il affirme que Watteau apprit de Gérin à dessiner et à peindre. Ce

livres seize sols tournois pour avoir livret la pièce de peinture représentant le Roy avecq sa troupe de chasseurs aux pieds de saint Gilles blessez d'une flèche, compris les figures de la pièce de l'embarquement dudit saint, et selon l'accord fait avecq ledit Gerin. Partant icy la somme de.. iᶜ l. xvi s.

Item at encore estet payet audit Jacques-Albert Gerin, la somme de quarante-trois livres quatre sols tournois pour avoir peinct et livret à Phles de May, maistre tappissier, la pièce de peinture de saint Gilles qui donne son manteau au pauvre, en suitte de convention faitte avec ledit Gerin. Partant icy .... xxxxiii l. iiii s.

A Jacques-Albert Gerin pour avoir peint et livret la pièce représentant saint Gilles dans le désert, à qui un ange présente une crosse, at estet payet le deux de febvrier de l'an 1683, en suitte du marché fait avecq luy la somme de quarante-huit livres tournois... xxxxviii l.

3

grand maître, ajoute-t-il, le prit en affection et lui donna tous ses soins.

Tout vient à l'appui de ce témoignage. On a vu par ce que je viens de dire des travaux de Gérin de quelle estime il était entouré à Valenciennes ; peut-on supposer qu'un jeune homme, entraîné par une irrésistible vocation vers la carrière artistique, ait été choisir pour maître un peintre sans talent de préférence à celui que la voix publique lui désignait comme le plus habile de ses concitoyens ?

Il est un fait encore qui semble significatif. Gérin mourut en 1702, or c'est cette année même que Watteau, âgé de dix-huit ans, quitta sa ville natale pour aller à Paris se perfectionner au contact des maîtres en renom. Gérin lui-même, suivant Hécart, l'avait engagé à faire ce voyage. Rien d'invraisemblable à ce que le vieil artiste, épuisé par une laborieuse carrière et sentant sa fin prochaine, ait donné ce sage conseil à l'élève de son affection.

On peut supposer que c'est pendant le cours de ses études à l'atelier de Gérin que Watteau peignit quelques imitations du genre de Téniers comme *la Vraie Gaieté* qui faisait partie du cabinet de M. Lehardy de Famars et que cet amateur a gravée à l'eau forte.

S'il faut en croire M. Dinaux, Watteau suivit en quittant Valenciennes un peintre, son compatriote, « qui possédait assez de talent comme décorateur et que le directeur de l'Opéra avait mandé à Paris. »

Je m'étonne qu'après avoir jeté un doute sur les relations de Gérin et de son élève, on puisse avancer sans hésitation un fait de ce genre qui n'a même pas pour fondement la tradition. Il convenait de dire d'abord quel était ce décorateur assez renommé pour que l'Opéra ait eu besoin de son concours. N'est-il pas étonnant qu'on n'ait pas même conservé le souvenir d'un homme de ce talent ?

D'autres ont dit que ce décorateur était par hasard venu travailler à Valenciennes. Ainsi présenté, le fait est plus admissible, mais son importance n'est pas telle qu'il soit nécessaire de s'y arrêter longtemps.

Je ne parlerai pas des travaux de Watteau, de son séjour à Paris et en Angleterre. Je me tairai également sur son retour à Valenciennes dont M. Ars. Houssaye a tracé une peinture si romanesque et si peu en harmonie avec les mœurs de l'époque. Il faudrait répéter ce qui est écrit partout, ou entreprendre à grands frais des recherches que je ne suis pas à même de faire ici.

Il ne faut pas non plus s'arrêter au récit assez suspect que fait Gersaint de l'admission du peintre des fêtes galantes à l'académie des Beaux-Arts. Ces amusantes fictions des biographes finissent, comme les mensonges de Figaro, par devenir de grosses vérités ; acceptons-les, mais en faisant nos réserves. Ce que j'ai voulu c'est simplement exposer quelques données sur les premières années du peintre ; il me reste à les compléter en examinant ce qu'a été son éducation artistique et les résultats qu'elle a produits.

Bien que les critiques d'art se soient presque tous accordés jusqu'ici à le placer dans l'école française, Watteau est un peintre flamand, le fait n'est pas contestable aujourd'hui. C'est à ce titre que M. Alfred Michiels le comprend dans la nouvelle édition de son excellente histoire de la peinture flamande. Oui Watteau, qu'on l'étudie bien, est flamand par son tempérament artistique, par sa façon de concevoir le pittoresque, par le réalisme de sa peinture ; son coloris le rattache étroitement à la série des disciples de Rubens.

Il n'a rien pris à l'art français qui, avant lui, procède en grande partie de l'école italienne ; au contraire, on peut le dire, c'est aux éléments nouveaux apportés par le peintre valenciennois, par son élève Pater et leurs imitateurs, que cet art doit les caractères d'originalité qui le distinguent dans le cours du XVIIIᵉ siècle (1).

(1) A propos de cet art coquet créé, il serait malaisé de nous le contester, par l'école valenciennoise, voici ce qu'écrivait un jour M. Th. Gautier dans le *Moniteur universel* : « Ce XVIIIᵉ siècle si mal-

L'éducation de Watteau explique la nature de son talent. Né en Flandre, car bien que Valenciennes fit partie du Hainaut, on la confond volontiers sous la dénomination générale des Flandres, élevé dans l'atelier d'un peintre tout flamand, il ne paraît pas qu'il soit sorti de sa ville natale avant l'âge de dix-huit ans et jusque là il n'a vu autour de lui, comme modèles à étudier, dans les églises ou ailleurs, que des œuvres flamandes.

Il peut n'être pas sans intérêt de rechercher, dans une sorte de revue rétrospective, ce qu'étaient les plus importants de ces ouvrages. Le peintre Decamps, qui a écrit un *Voyage pittoresque dans la Flandre et le Brabant*, s'est malheureusement arrêté à nos portes. Il faut le regretter, tant au point de vue de ses appréciations que pour les renseignements qu'il nous aurait transmis. Toutefois s'il ne nous est pas donné d'être aussi complet qu'il eût pu l'être, il nous reste encore à glaner, à travers les chroniques, assez d'épis pour former une petite gerbe.

Notre ville comptait, en 1700, sept églises paroissiales : Notre-Dame-la-Grande, Saint-Jean, Saint-Géry, Saint-Jacques, Saint-Nicolas, Notre-Dame de la Chaussée et Saint-Martin de l'Espaix. Une huitième, celle de Saint-Vaast-en-Ville, avait été démolie lors de la construction de la citadelle et fut réédifiée par la suite sur la place qui en a conservé le nom. Il s'y trouvait en outre vingt et une maisons religieuses, savoir : une abbaye, neuf couvents d'hommes, onze cloîtres et monastères de filles (1). La plupart de ces églises et de

» mené par les pédants n'en a pas moins produit un nouveau style,
» une forme inconnue de l'art, adoptée avec enthousiasme de toute
» l'Europe, et qu'on a essayé vainement de flétrir en l'appelant « ro-
» coco » : forme originale, charmante, flexible, se prêtant à tout,
» d'une invention et d'un caprice inépuisables ; qui a changé l'ar-
» chitecture, la statuaire, la peinture, l'ornementation, le mobilier,
» le costume et jusqu'au moindre accessoire ; de ces rénovations
» complètes de style, il n'y en a pas beaucoup dans l'histoire du
» monde : le style grec, le style gothique, le style renaissance, le style
» rococo, et c'est tout. »
(1) Notons en passant, d'après le registre cité plusieurs fois, le

ces maisons religieuses avaient une origine ancienne; quelques-unes étaient riches et, malgré les orages qui à diverses reprises étaient venus fondre sur elles, avaient conservé de précieuses reliques d'art.

Notre-Dame-la-Grande était par elle-même, considérée sous le rapport de l'architecture, une œuvre des plus remarquables. Son trésor renfermait de magnifiques pièces d'orfèvrerie, par exemple la fiertre du Saint-Cordon, chef-d'œuvre du Valenciennois Jérôme de Moyenneville dont un auteur a dit que, dans ses beaux morceaux, il pouvait être mis en parallèle avec Balin.

La peinture semble avoir été médiocrement représentée dans cette église, il est vrai que le genre de sa construction laissait peu d'emplacement pour des tableaux ; cependant on admirait la chapelle St-Luc, décorée de la main de Jacques Leboucq, qui à la science du généalogiste joignait, comme peintre, un mérite sérieux qu'attestent plusieurs manuscrits de notre bibliothèque publique.

On y voyait aussi un portrait de Cornille Morel, héraut d'armes de Valenciennes, peint par Otelin.

Comme sculpture il faut citer la statuaire du magnifique jubé construit et décoré par Adam Lottmann, vers 1630, au temps de dom Michel de Raismes, abbé d'Hasnon. On a lieu de supposer que le beau St-Christophe en marbre, de Pierre Dupréau, qui orne aujourd'hui l'église de Saint-Nicolas, provient de Notre-Dame-la-Grande.

Dans la chapelle de Notre-Dame de Halle se voyait un immense panneau sur lequel la coutume voulait qu'on peignit la tête de chaque nouveau confrère lors de son admission. Il est bien regrettable qu'on n'ait plus que des fragments de ce curieux *album* (1) ; il devait présenter d'intéressants spécimens de l'art à diverses époques.

nombre des personnes attachées à ces maisons ; il était de 686 : 67 prêtres, 265 religieux, 270 religieuses et 84 séculières.

(1) M. Gossart, propriétaire à Valenciennes, conserve une tête détachée de cette vaste toile.

A Saint-Jean, la seconde église de la ville par son importance et sa beauté, la décoration était plus riche encore. Au rétable de l'un des autels se voyait une composition capitale de Martin de Vos, *la Circoncision,* qui est venue jusqu'à nous et figure au Musée sous le n° 214.

Les historiens mentionnent de belles verrières données par Charles-Quint, dont l'une fut brisée par un violent ouragan. Ils signalent aussi de riches mausolées, entre autres celui de sire George Rolin, chevalier, seigneur d'Aymeries, de Raismes et de Beuvrages, qui était l'œuvre de deux sculpteurs valenciennois, Bastien Vandreehen et Hans Mont.

Pierre Dupréau avait orné le jubé de belles sculptures. Quatre bas-reliefs en marbre, de Schleiff, étaient placés à l'entrée du chœur, et l'on voyait du même maître le buste de Simon Le Boucq décorant le tombeau de cet annaliste. C'est là aussi qu'était le tombeau de Henri d'Oultreman.

Le buffet d'orgue était d'Antoine Pater.

A Notre-Dame de la Chaussée on trouvait un jubé sculpté par Dupréau et deux admirables peintures : une *Descente de Croix* de Rubens et une *Adoration des Mages* de Martin de Vos, conservées au Musée sous les numéros 183 et 215.

Aux Dominicains c'était un *Calvaire* de Janssens, vaste et belle composition qui fit aussi partie du Musée de la ville et fut confiée à la paroisse de St-Géry lors de la restauration du culte. C'était encore une des peintures les plus complètes de Crayer, *Notre-Dame du Rosaire* (n° 69 du Musée).

Saint-Jacques montrait un beau Van Dyck, la *Décollation de saint Jacques* (n° 83 du Musée).

Les Récollets avaient dix statues d'apôtres de Dupréau et un grand nombre de monuments funéraires merveilleusement ornés.

Arnould de Vuez, né en 1642, et que Watteau a pu connaître, avait peint pour la bibliothèque des Jésuites une décoration qui existe encore.

Ailleurs c'était *Saint Bernard et le duc d'Aquitaine,* vigoureuse peinture de Martin Pepyn, que l'on voit encore dans l'église de Saint-Nicolas.

A la maison échevinale étaient conservés plusieurs portraits de souverains et l'immense toile de Van der Meulen représentant la délivrance de Valenciennes par l'armée espagnole en 1656 (n° 130 du Musée), présent du roi d'Espagne en souvenir d'un glorieux fait d'armes.

Dans les monastères des environs on retrouvait encore l'école flamande : à Vicoigne, avec quatre tableaux de Crayer enchâssés dans un rétable sculpté par Schleiff ; à Saint-Amand, avec Rubens et le triptyque qui est l'honneur de notre galerie, une *Pieta* d'Otto Venius, actuellement à Saint-Nicolas, et *l'Union fait la Force*, de Janssens (n° 109 du. Musée).

Il s'en faut bien que cette énumération soit complète et cependant je la crois suffisante pour donner une idée des ressources que Valenciennes offrait à l'étude au temps où Watteau débutait. Elle montre aussi que de quelque côté qu'on se tournât c'était l'art flamand dans toute sa pureté qui s'offrait aux regards. Sculptures, tableaux et monuments, tout en portait l'empreinte. Il régnait aussi presque exclusivement dans les galeries particulières ; notre riche musée, qui s'est en partie formé de leurs dépouilles, le prouve surabondamment.

Comment un élève qui, jusqu'à l'âge de dix-huit ans, n'eut sous les yeux que ces productions caractéristiques aurait-il pu concevoir l'art autrement que les maîtres de son pays? Flamand il partit de Valenciennes, flamand il resta à Paris et les œuvres qu'il étudia de préférence en cette ville sont encore celles de Rubens dans la galerie du Luxembourg.

Sans modifier sensiblement sa manière, il l'appliqua à des sujets nouveaux et donna par là à ses compositions un cachet de profonde originalité. Des scènes françaises traitées à la flamande, voilà les tableaux de Watteau. Il faut, bien entendu, laisser à part les sujets militaires ou quelques scènes champêtres assez rares d'ailleurs dans l'œuvre du maître.

Il importe ici de mentionner quelques artistes valenciennois de la même époque afin de constater l'influence que
les aînés ont pu avoir sur Watteau ou celle que les autres ont
subie avec lui.

Je me suis assez longuement étendu sur Gérin ; à côté de
ce maître éminent vivaient plusieurs peintres dont malheureusement aucune production n'est venue jusqu'à nous pour jus-
tifier la haute opinion que les récits des écrivains nous donnent d'eux.

C'est *Robert* ALARDIN ; c'est GIRARDIN , l'auteur de deux
paysages placés en 1687 dans les nefs de la chapelle Saint-
Pierre ; c'est enfin *Gaspard* MIGNON, qui paraît avoir été souvent employé à la décoration des cérémonies publiques (1).

Ce dernier eut pour élève *Julien* WATTEAU, le parent d'Antoine, dont le nom a été cité plus haut. Les débuts de ce
peintre ne furent pas des plus heureux, si l'on en juge d'après
un passage du registre des maîtres peintres conservé au dépôt des archives communales. En 1691, lorsqu'après les années réglementaires d'apprentissage Julien Watteau obtint de
faire ses preuves de capacité en peignant ce que l'on appelait
alors le chef-d'œuvre, son ébauche fut trouvée trop faible, de
sorte que les experts ne jugèrent pas à propos de la laisser
achever. Il semblerait, à lire la requête présentée à ce sujet
par le jeune peintre, que les juges n'étaient pas exempts de
prévention ; il ne se découragea pas cependant et, reçu maître
deux ans plus tard, il réussit à sortir de l'ornière.

Il ne subsiste pas le moindre vestige de ses productions
dont Hécart fait un éloge qui peut sembler hyperbolique.

« J'ai vu de lui, dit-il, beaucoup de beaux dessins à la plume et un beau tableau dans le chœur de l'église des Récollets
qui représentait la mort de saint François entouré de ses religieux. Le tableau était bien composé, bien colorié, les têtes

(1) En voici un exemple tiré des comptes de la ville pour l'année
1686 :
Payé à Jaspart Mignon, peintre, pour avoir accommodé les blasons
convenables aux funérailles de Monseigneur le chancelier Le Tellier
272 l. 10 s.

pleines de grâce, d'expression, d'une beauté et d'un coloris admirables ; on eut dit des anges sous l'habillement de récollets. »

Né en 1670, Julien Watteau avait 21 ans en 1691. Sa jeunesse explique donc son premier échec. Il se maria en 1712 et mourut six ans après le 27 novembre 1718, à l'âge de 48 ans. Il fut enterré dans le cimetière de St-Géry.

Il convient de parler aussi de *Nicolas* VLEUGHELS avec lequel Watteau entretint des relations d'amitié.

Les biographes le disent originaire du Hainaut ; Hécart affirme, sur la foi du généalogiste Boulé, qu'il est né à Valenciennes en 1669.

Les tableaux de ce peintre sont rares en France. Voici ce qu'en dit le docteur Lachaise, dans un livre récemment publié sous ce titre : *Manuel pratique de l'Amateur de tableaux.*

« Vleughels (Nicolas) — 1669-1737 — Fils de Philippe, ar-
» tiste peu connu, qui a séjourné à Paris. Il habita aussi l'Ita-
» lie où son talent le fit nommer directeur de l'école française
» à Rome. Son style et sa couleur rappellent Paul Veronèse.
» Indépendamment de ses tableaux d'histoire il a fait plusieurs
» tableaux de genre d'un effet assez gracieux, comme le
» *Lever* et la *Toilette* qu'on voit à Valenciennes. »

Vleughels est mort à Rome en 1738, suivant Boulé, en 1737, au dire d'autres écrivains. Hécart lui attribue une traduction des dialogues du *Dolce* sur la peinture, publiée à Florence en 1735 (1).

———

Des peintres si nous passons aux sculpteurs, il faut en première ligne placer *Pierre* DUMONT que le registre des décès de

(1) *Dolce* (*Lud.*) Dialogue sur la peinture intitulé l'*Aretin*, traduit en français avec le texte italien à côté. Florence, 1735, petit in-8.
La *France littéraire* et le *Manuel du Libraire* citent cette traduction sans en indiquer l'auteur. Barbier n'en parle pas non plus. La bibliothèque publique de Valenciennes en possède un exemplaire.

la paroisse St-Jacques qualifie « ancien sculpteur de la chapelle du Roi. » On doit sans doute entendre par là qu'il avait travaillé aux sculptures de la chapelle de Versailles. Pierre Dumont, né en 1660, mourut au mois de novembre 1737, âgé de 77 ans. Voilà tout ce que l'on connaît de ce maître.

On peut parler avec plus de certitude d'*Antoine* PATER, bien que les œuvres qui restent de lui ne soient rien moins que communes, mais la tradition est mieux assise.

Issu d'une ancienne famille valenciennoise, on sait qu'il naquit le 27 février 1670 et que sa femme, Élisabeth Defontaine, était originaire de Bruai. Il l'épousa à l'âge de 24 ans et de ce mariage vinrent trois fils et une fille.

Pater était fort estimé comme sculpteur dans sa ville natale et de fait c'était un homme de mérite, témoin la statue en marbre du Sauveur du Monde, conservée à Saint-Nicolas, et qui porte la date de 1717. A quelles leçons devait-il ce talent? Aucun des écrivains qui ont parlé de lui n'ont cherché à s'en enquérir et c'est un point qu'il faut renoncer à éclaircir. Il est acquis du reste que Pater, attaché au sol natal comme toute la bourgeoisie d'autrefois, n'est jamais sorti de Valenciennes.

Il est, conjointement avec l'un de ses fils, nommé Jean-François, l'auteur des sculptures ornementales de la porte de Famars. La disposition des trophées d'armes, motif principal de la décoration, est heureuse ; c'est tout ce qu'on peut dire de ce travail auquel plusieurs restaurations ont enlevé son caractère primitif. Le fronton, où se voyaient les armes de France sculptées en bas-relief, a été gratté au commencement de la révolution.

On devait encore à Pater, outre le buffet d'orgues de Saint-Jean et celui de Notre-Dame la Grande, considéré comme son chef-d'œuvre, les sculptures des pavillons du beffroi où se tenait la bourse des commerçants, et un grand nombre de travaux pour les établissements religieux ; il n'en est rien resté, pas même la trace. Le pasteur Duforest, historien de la confrérie de Notre-Dame du Puy, parle d'une *Assomption* sculptée par notre artiste et que les confrères firent recouvrir de feuilles d'argent. Il rapporte aussi une anecdote qui doit naturellement trouver ici sa place.

L'antique et célèbre confrérie du Puy, qui avait son siège dans l'église paroissiale de Notre-Dame de la Chaussée, conservait une précieuse relique, une vierge en bois doré, donnée disait-on par Pépin le Bref, fondateur de l'église, en 756. Cette vierge faisait des miracles, cela s'entend ; aussi plusieurs confrères, qui croyaient en avoir reçu des grâces signalées. voulurent en 1714 témoigner leur reconnaissance par quelques riches offrandes. Ils eurent l'idée « d'enchâsser la statue en argent. »

Cette opération nécessita quelques travaux préparatoires dont fut chargé « Maître Pater, fameux sculpteur de cette ville » ; c'est ainsi que le désigne l'historien. Dès qu'on le sut à l'œuvre il ne cessa d'être importuné par de bonnes gens désireux d'obtenir « quelque peu de bois dont quelques uns firent faire de petites vierges, d'autres de petites croix pour mettre à leurs chapelets ou en leurs oratoires. Le nombre de ceux qui y couraient chaque jour augmentant, continue le pasteur Duforest, la plupart eurent la mortification de s'en passer quoiqu'ils offrissent de l'argent à Pater pour en avoir le moindre brin de sciure, tellement que lui-même nous avoua que s'il avait prévu ce grand empressement, il se serait gardé de laisser perdre la moindre parcelle. »

Mais dès lors il y avait des libres penseurs et plus d'un mécréant railla ces dévots « les regardant comme des personnes qui tombent en délire.»

Pater a eu le rare honneur de voir, lui humble bourgeois de province, ses traits reproduits par deux grands artistes dont l'un, Watteau, fut son ami, et l'autre, Saly, son élève. Ces œuvres ont heureusement été conservées.

Le portrait peint par Watteau est d'une merveilleuse beauté ; il est peut-être supérieur encore comme facture au fameux *Gille* de la collection de M. Lacaze. Il ne faut que voir cette toile pour reconnaître combien la manière de Watteau a de rapports avec l'école flamande. Ceci ne ressemble, ni pour les procédés ni pour la conception, à rien de ce qu'ont produit les portraitistes français des XVIIe et XVIIIe siècles. Le coloris a une puissance qui rappelle certaines toiles de Rembrandt, bien que le faire des deux artistes diffère essentiellement et que Watteau procède par glacis couvrant à peine la toile préparée à l'ocre brun.

Cette peinture, où se trouve tout entier le sentiment réaliste de la Flandre, est unique dans l'œuvre de Watteau. Elle est empreinte en son extrême simplicité, d'un caractère tout particulier d'originalité; le plus habile des experts qui la verrait paraître dans une vente sans être averti, serait bien embarrassé de lui trouver une attribution. Cependant l'authenticité en est incontestable. Ce portrait a été peint dans la maison de Pater et s'est transmis de père en fils dans sa famille; c'est encore la propriété du dernier des descendants de l'artiste (1).

La plus minutieuse description ne saurait faire comprendre le mérite de ce portrait; il faut le voir. Je me bornerai donc à en indiquer la disposition générale.

Pater est représenté à mi-corps, posé de profil à droite ; il tourne vers le spectateur sa tête couverte d'une vaste perruque blonde aux ombres fauves; sa main s'appuie sur une tête en marbre blanc (2).

Les traits sont ceux d'un homme de quarante-cinq à cinquante ans. Watteau aurait par conséquent peint ce portrait dans les dernières années de sa vie, peut-être à son retour d'Angleterre, car il est très-vraisemblable qu'il se soit arrêté à Valenciennes avant de regagner Paris.

Le buste de Saly est en terre cuite et a été modelé en 1740. Il représente le sculpteur dans sa vieillesse, arrivé presqu'à la décrépitude. Son nez, déjà très-gros dans le portrait de Watteau, a *trognonné*, pour me servir du mot de Victor Hugo; les

(1) M. Bertin, ancien pharmacien, qui a bien voulu autoriser M. J. Dècle à copier ce portrait pour la galerie historique de la Société d'agriculture. Watteau avait aussi peint le portrait de la femme de Pater ; cette toile malheureusement n'existe plus.

(2) La même tête se retrouve dans plusieurs tableaux de Watteau, entr'autres dans le *Singe sculpteur*, composition ovale gravée par Desplaces.

rides du front, indice d'un caractère impérieux, se sont encore creusées, les lèvres contractées; le regard sévère est devenu dur et pourtant, en regardant bien, c'est toujours le même
homme.

Cette tête coiffée d'une sorte de madras, est modelée avec
une science, une vérité qui rappelle le Voltaire d'Houdon.
C'est un des meilleurs morceaux de notre musée de sculpture.

Ce buste, comme celui de Watteau, était conservé avec un
soin religieux dans la famille de Pater. Il en sortit on ne sait
trop comment à l'époque de la révolution et arriva entre les
mains de M. Sohier-Chotteau, alors chargé du classement de
la bibliothèque et du musée, qui en enrichit la galerie confiée
à ses soins. Il est inscrit au catalogue sous le numero 426.

Pater a longtemps habité une maison située dans la rue de
Tournai, près du couvent des Carmes, à peu près à l'endroit
où s'ouvre la porte du quartier de cavalerie. C'est là qu'il eut
ses quatre enfants. Il avait depuis longtemps déjà quitté cette
habitation quand il mourut en 1747, à l'âge de 77 ans. Il fut
enterré dans l'église de St-Géry. Son petit-fils a recueilli la
pierre sur laquelle était gravée son épitaphe, conçue en ces
termes :

*Ici repose le corps du sieur Antoine-Joseph Pater, mar-
chand sculpteur, bourgeois de cette ville, décédé le 24 février
1747, âgé de 77 ans, et de Jeanne-Élisabeth Defontaine, son
épouse, native de Bruai, décédée le 4 février 1746, âgée de
80 ans.*

————

Parmi les jeunes Valenciennois que les succès de Watteau
piquèrent d'émulation, il en était un qui montrait les plus
belles dispositions et qui serait peut-être devenu aussi un
peintre remarquable si, au lieu de passer sa vie en province,
il avait été mûrir son talent à Paris. Il avait nom DUBOIS
(*Martin - Joseph*) et était né le 8 mars 1696 Issu d'une
bonne famille bourgeoise, lui-même tenait un certain rang
dans la ville, car en 1723, je le trouve cité dans un manuscrit

de notre bibliothèque publique comme connétable (1) de son quartier. Il habitait alors la rue des Viviers.

L'aisance dont il jouissait ne l'empêcha pas de travailler beaucoup et il réussit assez bien dans le genre du paysage. Ses tableaux sont aujourd'hui d'une rareté excessive. L'incurie des propriétaires en a laissé perdre une partie ; les révolutions ont anéanti le reste.

En 1826, époque à laquelle Hécart publia quelques notes sur cet artiste, on voyait de lui, dans les nefs de l'église de St-Géry, deux grands paysages ornés de figures, ayant autrefois décoré le chœur de Notre-Dame de la Chaussée. Ils ornent aujourd'hui l'un des salons du nouveau presbytère de, St-Géry. On ne sait ce que sont devenues les tapisseries exécutées par Billet d'après des dessins du même maître (2), qui étaient tendues dans l'antichambre de la bibliothèque publique.

Deux autres tableaux de Dubois sont la propriété de M. Albert Courtin, conservateur du Musée de Valenciennes. Ce sont deux petits paysages, d'une couleur très-fraîche et fort agréables d'aspect, ornés de quelques figurines.

Lorsque Watteau fut nommé membre de l'Académie royale de France, Dubois, qui avait noué avec lui quelques relations, s'aveugla sur son propre mérite au point de croire qu'il n'était

---

(1) La constitution civile actuelle n'offre rien d'analogue à ce qu'étaient ces fonctionnaires appelés connétables. Il y en avait deux pour chacune des trente rues principales de la ville ; ils étaient choisis parmi « les plus notables et qualifiés bourgeois. » Leurs fonctions consistaient « à avoir l'œil sur tous les estrangers venant d'ailleurs demeurer esdites rues et à leurs actions et comportements, pour en cas de besoin en faire rapport au magistrat. »

C'étaient donc, ou peu s'en faut, des agents de la police. Ils étaient en même temps tenus de se trouver au grand conseil quand on les en requérait.

(2) Hécart dans son opuscule sur le Goût des habitants de Valenciennes pour les lettres et les arts dit que « Dubois, paysagiste, était l'auteur de presque tous les sujets de nos tapisseries de haute lisse, fabrique que nous avons perdue. »

pas indigne d'un tel honneur. Il pria son glorieux ami de le faire recevoir à son tour et lui envoya un tableau comme pièce à l'appui de ses prétentions.

Watteau dans sa réponse l'engagea sagement à attendre. « Il lui représenta que ses arbres, quoique souvent bien faits, étaient maniérés, qu'on y comptait tous les feuillages, que les plans n'en étaient pas assez variés, que tout y était trop entassé et également éclairé, sans dégradation de lumière, et lui conseilla d'étudier la nature, lui offrant au besoin ses conseils. »

Dubois accepta la leçon ; il renonça à ce titre d'académicien qu'un autre de ses concitoyens, auquel on ne songeait guère alors, devait un jour hériter du peintre des fêtes galantes. Celui-là se nommait *Jean-Baptiste* PATER.

Si l'on a des motifs sérieux pour se défier des biographes fantaisistes de Watteau, que faut-il penser de ceux qui ont écrit la vie de son unique élève, du plus heureux de ses imitateurs, de celui enfin dont je viens d'écrire le nom ? On a vraiment abusé, à l'égard de ce gracieux artiste, du droit que tout écrivain a de parler pour ne rien dire. Relisez les notices les plus estimées et cherchez à vous rendre compte de ce qu'elles vous auront appris. Des phrases, des mots sonores, voilà le fond de la plupart de ces travaux : *sunt verba et voces...*

Il ne faut pas s'étonner de cette insuffisance, car la pénurie de renseignements est grande et s'explique d'ailleurs naturellement.

D'un artiste, tant qu'il est vivant, ce qu'on recherche ce sont les œuvres. On aime, on admire son talent ; mais sa personne, mais sa position, à moins d'être admis dans son intimité, une réserve assez naturelle empêche qu'on s'en informe ; et quand il a cessé d'être, quand une respectueuse indiscrétion devient permise, il est trop tard souvent, les moyens manquent pour s'enquérir de ce qu'il fut.

Rubens fraie avec les souverains, Raphaël est le commensal des princes de l'Eglise, ce sont des personnalités qui s'imposent ; il se trouvera nécessairement des chroniqueurs pour relater les faits et gestes d'hommes de cette valeur. D'autres sont les héros d'aventures romanesques et, à ce titre, leur histoire éveille la curiosité ; mais quel intérêt peuvent inspirer ces déshérités de la fortune dont l'existence laborieuse s'écoule au fond d'un atelier, loin du bruit et de la foule, et que leurs travaux seuls révèlent au monde.

De cent artistes contemporains dont les œuvres font à chaque Salon l'admiration des connaisseurs, en est-il un seul dont les faiseurs de dictionnaires soient à même, dans cinquante ans, de dire autre chose que ce qu'ils puiseront dans les catalogues officiels ?

Ceux-là auront le même sort que notre Pater. La date de sa naissance, celle de sa mort, quelques indications plus ou moins exactes sur ses relations avec Watteau, voilà le résumé des notes laissées par Gersaint, unique guide de tous ceux qui ont voulu écrire sur ce sujet. Les pièces que le hasard m'a fait découvrir aux archives municipales ne sont pas d'une grande importance ; elles permettront cependant d'ajouter quelques traits à la biographie si sèche du second des peintres de fêtes galantes.

J'ai dit sur quel emplacement se trouvait dans la rue de Lille la maison où naquirent les enfants d'Antoine Pater. Elle dépendait de la paroisse Saint-Jacques, sur les registres de laquelle est inscrit l'acte suivant :

« L'an mil six cent quatre-vingt-quinze, le vingt-neuvième
» jour du mois de décembre, Mᵉ L. Vandeville, vicaire de
» cette paroisse Saint-Jacques, de la ville de Valenciennes,
» soussigné, at baptizé le fils né ledit jour, en légitime ma-
» riage, de Anthoine Pater, maître sculpteur, et de dame
» Elisabeth Defontaine, ses père et mère, habitants de la
» paroisse, auquel on at imposé le nom de Jean-Baptiste.

» Le parin Jean-Baptiste Leto. La marine Marie-Anthoi-
» nette Vanast.

Signé : » Antoine Pater.
    » Marie Anne tonnette Vanat.
    » Jan Batiste Leto.
    » Vandeville. »

Jean-Baptiste était l'aîné de quatre enfants. Outre une sœur nommée Marguerite, il avait deux frères : Jean-François, né le 20 septembre 1700, et Michel-Joseph, né le 23 septembre 1703. Ce dernier embrassa la vie religieuse et devint prieur du couvent des chartreux de Montreuil-sur-Mer, sous le nom de Dom Michel.

Dans l'atelier paternel où s'écoula leur enfance au milieu des statues et des blocs de marbre, Jean-Baptiste Pater et son frère puîné eurent pour premiers jouets des crayons et des ébauchoirs. Familiarisés de bonne heure avec les travaux artistiques, tous deux y prirent goût et leur père, heureux de reconnaître en eux des aptitudes réelles, les laissa libres de suivre leur penchant. Il les fit travailler sous ses yeux. Mais avec quel succès différent devait être parcourue la carrière de ces jeunes gens, si semblable au début.

L'un se fit sculpteur ; il ne put s'élever au-dessus du vulgaire et resta toute sa vie un simple praticien, bornant son ambition à seconder son père dans ses entreprises. Tandis qu'il végétait dans l'ombre, son aîné travaillait pour la postérité qui le venge aujourd'hui d'un dédain momentané, en lui rendant sa place au premier rang des peintres de genre.

Quelqu'un a dit que Watteau et Pater avaient eu à Valenciennes un maître commun et qu'ils étaient venus l'un après l'autre étudier dans l'atelier du vieux Gérin. C'est là une assertion que va détruire le rapprochement de quelques dates. Pater était de onze années plus jeune que celui dont il recueillit plus tard les derniers conseils ; né en 1695, il avait à peine sept ans en 1702, lorsque mourut Gérin et que Watteau quitta le sol natal.

Il n'eut pas de maître étranger, tout le fait présumer, et reçut les premiers principes de dessin de son père lui-même, qui maniait avec une égale habileté le crayon et le ciseau. Un croquis (1) de sa main conservé au Musée de Valenciennes en est un témoignage positif.

Le sculpteur Pater a fort bien pu montrer à peindre à son fils, car au dix-huitième siècle comme de nos jours les procédés de la peinture n'étaient un secret pour personne, et à plus forte raison pour un homme souvent occupé à la décoration des églises et qui avait dû plus d'une fois surveiller la mise en couleur de ses tables d'autel.

Tout le monde, d'après Gersaint, a répété que « le père de Pater l'envoya très-jeune à Paris afin qu'il pût y cultiver avec profit les talents qu'il avait pour la peinture et qu'il le plaça chez le célèbre Watteau, son compatriote. »

Il est permis d'émettre un doute sur l'exactitude des informations recueillies par Gersaint. L'auteur du catalogue de Quentin de Lorangère n'est pas un oracle et l'on a vu, à propos de Watteau, qu'il est prudent de ne pas admettre sans contrôle les faits qu'il avance. Or nous avons la preuve que si Pater, ce qui n'est pas démontré, s'éloigna de Valenciennes durant sa jeunesse, ce ne fut pas pour longtemps et qu'il ne tarda guère à revenir près de ses parents.

En 1717 et 1718, à l'âge de vingt-deux à vingt-trois ans, nous le trouvons établi ici, cultivant son art d'une manière lucrative, sinon toujours paisible. Des allures peu avenantes, jointes à beaucoup d'orgueil, lui avaient fait, paraît-il, bien des ennemis, et il mit un jour le trouble dans la corporation

(1) Ce joli dessin, qui porte la signature de l'auteur, est un double projet de soubassement pour une statuette de saint Christophe destinée à la corporation des fruitiers de Valenciennes. La figure du saint n'est pas d'Antoine Pater, mais d'un mauvais sculpteur nommé Leblond, qui a essayé de reproduire la pose du beau saint Christophe en marbre de Pierre Dupréau, conservé dans l'église St-Nicolas. Il est visible que cette figure a été rapportée après coup sur le dessin.

des peintres en donnant lieu à des scènes scandaleuses dont
le souvenir est noté sur les registres de la justice valenciennoise. Cet épisode curieux et totalement ignoré de la vie de
l'artiste va nous le montrer, au moral, sous un aspect nouveau ; on reconnaîtra difficilement le calme et infatigable travailleur qu'a fréquenté Gersaint dans l'élève présomptueux,
le bourgeois hargneux et intraitable, dont les gens de justice
avaient à punir les incartades.

Pour faire bien comprendre le récit qui va suivre, il importe de dire que la charte des maîtres peintres et sculpteurs
de Valenciennes, rédigée en 1606, contenait un article, le
trente et unième, interdisant la culture des différents arts
« dépendant de la branche St-Luc » à quiconque n'avait pas
fait chef-d'œuvre et acquitté les droits de maîtrise. La confiscation des ouvrages, avec amende de douze livres tournois,
telle était la peine à laquelle s'exposaient les délinquants (1).

Pater, qui tenait de son père un caractère altier, opiniâtre,
n'était pas homme à se plier aisément aux volontés d'autrui,
fussent-elles appuyées par la loi. N'ayant qu'une estime mé-
diocre pour les talents de ses compatriotes, et devançant son
siècle dans la voie de la liberté, il crut sans doute n'avoir pas
besoin de permission pour faire de bonne peinture. Il se sou-

(1) Cet article 31 est ainsi conçu :
Afin que ladite branche soit mieux entretenue et les articles de
cy-devant gardés et observés, est statué et ordonné que désormais
quiconque sera trouvé en cette ville et banlieue, sans autorisation
et congé préalable de justice, s'entremesler, vendre, entreprendre et
marchander de faire ouvrage, en cachette ou en public, de quelqu'une
des parties dépendantes de cette branche sans en avoir fait chef-
d'œuvre, pardessus la confiscation de la besogne au profit de la chapelle, escherra pour chacune fois qu'il y sera trouvé en l'amende de
douze livres tournois, pour un quart appartenir à ladite chapelle, le
deuxième aux altesses sérénissimes, le troisième aux juges et le dernier aux connétables et maîtres qui en feront la recherche, retenant
néanmoins pouvoir, comme dessus, de modérer et dispenser desdites confiscations et amende, par lesdits sieurs de la justice, comme
le trouvera convenir.

cia peu de subir l'ennui des épreuves réglementaires et se mit à peindre, sans licence, dessus de porte et trumeaux pour la haute bourgeoisie de sa ville natale.

C'était un acte inouï que cette révolte contre l'autorité des maîtres ; une telle outrecuidance était bien de nature à exciter le courroux d'hommes naturellement susceptibles et extrémement jaloux de leurs droits. Il fallait donc s'attendre de leur part à des mesures de rigueur, et en effet des commissaires se présentèrent un jour, escortés de sergents bâtonniers, devant l'habitation du rebelle, avec l'intention de procéder à la visite de son atelier. Les statuts de la corporation leur en donnaient le droit.

Les artistes d'autrefois, surtout en province, ne soupçonnaient pas les recherches de confortable dont nos contemporains se sont fait un besoin. « Qui dit peintre dit gueux » était un commun proverbe dont on avait trop souvent lieu de vérifier l'exactitude. L'atelier de Pater méritait à peine ce nom. C'était une pauvre chambre basse, ayant vue sur l'Escaut, située au fond de la cour d'une maison inhabitée, près du pont des Chartriers. La difficulté était de s'introduire dans cette maison d'abord, et ensuite dans l'atelier dont le maître, tenu en éveil sans doute par quelque indiscrétion, gardait la porte soigneusement close.

On s'avisa d'un stratagème qui, pour n'être pas d'une conception bien habile, eut néanmoins un succès complet.

Un petit garçon, convenablement stylé, s'en vint héler Pater pour l'avertir qu'il était attendu par son père à l'*Aigle noir*, un cabaret du voisinage. L'artiste donna dans le piége ; il ouvrit la porte et, que l'on juge de son dépit, se trouva nez à nez avec ses persécuteurs, qui envahirent aussitôt la cour de la maison.

Il se contint pourtant et essaya d'abord de protester contre cette violation de domicile, en déclinant la qualité des commissaires « pour intervenir aux visites. » Paroles perdues ! L'ennemi était en force dans la place, bien décidé à ne pas se laisser débusquer. Alors Pater se cabra, il se répandit en invectives « jurant et blasphémant par le saint nom de Dieu. »

Il alla jusqu'à « présenter le poing au visage » des maîtres peintres, et quand, à la requête de ceux-ci, un serrurier arriva muni d'outils pour crocheter la porte de l'atelier, il se campa audacieusement sur le seuil, des pierres dans les mains, résolu à défendre l'entrée de sa chambre jusqu'à la dernière extrémité.

Hélas! ce mouvement héroïque n'intimida personne ; il fallut céder au nombre. Les commissaires, restés maîtres du terrain, procédèrent à la visite, constatèrent le délit et se retirèrent emportant, comme pièces de conviction, un tableau ébauché représentant une *Foire de village* (1), avec la pierre sur laquelle le coupable broyait ses couleurs.

Mais tout n'était pas fini. Le désordre recommença devant la porte, à la sortie des commissaires, qui tombèrent au milieu d'un rassemblement tumultueux où ils furent accueillis par des huées et des cris épouvantables. C'était un dernier trait de Pater ; dans son exaspération il avait ameuté les femmes et les enfants du voisinage en leur disant : « Criez, je vous récompenserai bien. » Et la racaille s'acquittait de son rôle à miracle, criant sans savoir pourquoi, trop heureuse de trouver ce prétexte pour faire du tapage. Les pauvres maîtres peintres eurent toutes les peines du monde à se tirer sains et saufs de la bagarre.

Naturellement l'affaire fut portée devant le magistrat. Elle était très-mauvaise pour l'accusé; on le lui fit comprendre et il finit par souscrire à une transaction que, dans son for intérieur, il se promettait bien d'enfreindre, s'il était possible de le faire impunément.

Il y avait en ce temps-là à Valenciennes un intendant nommé Doujat (2), grand amateur et assez connaisseur en fait

(1) Notre peintre, on le voit, avait dès-lors choisi son genre ; sans doute il avait vu peindre Watteau quand le mal du pays ramena celui-ci dans sa ville natale où il exécuta quelques-uns de ses premiers chefs-d'œuvre.

(2) Jean-Charles Doujat, maître des requêtes ordinaire de l'hôtel du roi, intendant du Hainaut en 1708 jusqu'en 1720.

d'art, qui avait conçu une haute estime pour les talents du jeune peintre. Celui-ci sut, on va le voir, habilement mettre à profit sa protection.

Braver encore les règlements après la leçon qu'il avait reçue eût été d'un insensé ; Pater ne l'essaya pas, mais il réussit à se faire donner une position officielle comme peintre de l'Intendance et, grâce à ce titre, il put retourner à ses pinceaux, à l'abri des chicanes de la confrérie de St-Luc.

La situation était fort simple. M. l'Intendant, qui n'avait pas toujours des appartements à décorer, faisait commerce des tableaux de *son* peintre, c'était son droit ; et s'il lui remettait le tout ou bien partie des bénéfices, s'il n'était en somme qu'une couverture, un intermédiaire entre le vendeur réel et l'acheteur, tout le monde était censé l'ignorer. D'ailleurs qui eût été assez hardi pour y trouver à redire ?

Ce trafic n'était pas très-loyal, d'accord ; mais les Intendants ont eu bien d'autres peccadilles sur la conscience et le peuple ne s'en plaignait que tout bas, de façon à ne pas être entendu.

Exempt d'inquiétude désormais, Pater travaillait avec ardeur, sans plus songer aux mésaventures passées. Trop de sécurité le perdit.

Un jour quelqu'un vint lui demander de peindre des figures sur une thèse en vélin « faite pour la profession de la fille du sieur Ignace Bouchelet au couvent de la congrégation Notre-Dame de Sepmeries. » Etait-ce un nouveau piége de ses adversaires ? On le croirait volontiers ; en tout cas, si c'en était un, l'artiste s'y laissa tomber avec une candeur qu'on a peine à comprendre.

Il eut l'imprudence d'accepter la commande, même d'en recevoir le prix. Ce fait dûment constaté par plusieurs témoins donna lieu à un nouveau procès, et les juges, sans pitié pour un talent à son aurore, donnèrent sur tous les points gain de cause à la corporation.

Dès ce moment le séjour de Valenciennes devint impossible au jeune peintre qu'un excès d'amour-propre empêchait de se soumettre aux règlements. Il prit alors la résolution de

s'éloigner pour jamais de sa ville natale et d'aller chercher
fortune à Paris.

Ah ! que de fois, au temps de sa prospérité, il dut rendre
grâce de leurs persécutions aux confrères de St-Luc. En paix
avec eux, vivant à leurs côtés, il eût vu bientôt s'étioler son
jeune talent. Leur acharnement le mit sur la voie des honneurs et de la fortune.

On trouvera peut-être que je me suis longuement étendu
sur des incidents (1) au fond assez puérils ; j'ai pensé que,
bien plus qu'une oiseuse dissertation, ce simple récit était
propre à mettre en lumière l'humeur caractéristique d'un artiste imparfaitement connu ; il m'a semblé qu'en même temps
il offrirait un curieux tableau des mœurs d'une époque dont
l'histoire, en ce qui concerne notre ville, n'a jamais été sérieu-
sement étudiée.

Que fit Pater arrivant, tout frais émoulu, de sa province à
Paris ? J'incline à croire que c'est alors qu'il alla trouver Watteau, ancien ami de sa famille, auquel sans doute son père
n'avait pas manqué de le recommander.

Tous les biographes l'ont représenté comme une victi-
me « de l'humeur difficile, du caractère impatient » de son
illustre compatriote. « Watteau, dit l'un d'eux (2), se montra
caustique, maussade, ombrageux et son élève dut le quitter
bientôt, les larmes aux yeux, blessé, mais sans rancune. »

Cela est bientôt écrit et voilà deux hommes peints d'un trait
de plume. A l'un la douceur, la résignation ; à l'autre toutes
les bizarreries d'un esprit malade. Ce qu'on vient de voir du
naturel de Pater permet de supposer que, dans la rupture de
leurs premières relations, tous les torts n'étaient pas du côté

(1) Comme on pourrait les croire inventés à plaisir, j'ai cru utile
de réunir quelques pièces justificatives que l'on trouvera à la fin de
ce travail.

(2) M. Ch. Blanc.

de Watteau. L'homme qui résistait avec tant d'audace aux chefs d'une corporation, qui se riait des coutumes et des règlements, était bien capable de manquer au respect commandé par le talent et la position de son maître. De là des froissements d'amour-propre, de l'aigreur et des discussions qui devaient nécessairement amener une séparation.

Pater avait l'âme fortement trempée, aussi l'abandon dans lequel il se trouvait, et qu'il avait probablement provoqué, ne lui fit pas perdre courage. Comme Watteau à ses débuts, il travailla pour les marchands de tableaux, acceptant sans rougir tous les travaux qu'on voulait bien lui confier. Il peignit, tout, dessus de portes, cartouches, portraits, bambochades, conversations galantes ; mais même dans ces productions hâtives les brillantes qualités qu'il tenait de la nature ne pouvaient être méconnues. Il était impossible qu'il restât longtemps confondu dans la foule des barbouilleurs vulgaires.

Ses toiles attirèrent l'attention de quelques amateurs bien posés dans le monde, dont les jugements n'étaient jamais discutés et du suffrage desquels dépendait le plus souvent l'avenir des débutants. L'un d'eux, le célèbre collectionneur Blondel de Gagny, s'éprit d'une vive affection pour le jeune Valenciennois et commença à le prôner partout. Ce fut la fortune de l'artiste ; son indépendance était assurée.

Pendant ce temps le pauvre Watteau achevait tristement sa trop courte carrière dans l'asile que lui avait offert l'intendant des Menus à Nogent-sur-Marne. En proie à des souffrances sans trève, il pensait beaucoup à sa ville natale et nourrissait l'espoir de la revoir encore. Le souvenir de sa famille, de ses amis d'enfance, revenait sans cesse dans ses rêves de malade ; alors il exprima à Gersaint son vif désir de se réconcilier avec le jeune Pater dont il n'ignorait pas les rapides succès. Il voulait lui prouver son affection, disait-il, en le faisant profiter des instructions qu'il était encore en état de lui donner.

Pater avec de grands défauts avait le cœur bon et sensible. Malgré leur mésintelligence il n'avait pas cessé d'aimer, de vénérer au fond du cœur l'ami de son père ; aussi, aux premières ouvertures qui lui furent faites, il quitta tout pour aller se jeter dans les bras de Watteau, qui l'accueillit comme un fils. Pendant un mois le maître et l'élève vécurent dans une intimité étroite, l'un absorbé par l'étude, l'autre retrouvant une fiévreuse énergie pour le guider et lui divulguer les secrets de son art.

Pater avouait un jour à Gersaint qu'il devait tout à ces leçons (1). Hélas ! elle durèrent trop peu de temps pour son malheur. L'heure sonna bientôt où cette main créatrice de tant de chefs-d'œuvre et à qui l'amitié rendait un peu de force pour montrer la bonne voie à un élève, retomba glacée par la mort. Watteau s'éteignit à trente-sept ans, sans avoir conscience peut-être de la révolution profonde que son génie avait opérée dans l'art français, mais avec la consolation de laisser un digne héritier de son talent.

Pater fortement affecté de cette perte se trouva de nouveau seul et sans guide, mais cette fois l'avenir ne l'inquiétait plus. Quelques années plus tard il eut l'insigne honneur de succéder à son maître comme membre de l'Académie royale, avec le même titre de Peintre des fêtes galantes.

On pourrait clore ici la biographie de Pater, car sa vie, qui fut bien courte aussi puisqu'il mourut à l'âge de quarante et un ans, en 1736, sa vie s'écoula sans incidents notables, remplie par un travail incessant dont l'excès l'abrégea. Il reste toutefois un point à éclaircir touchant les mœurs et la vie privée de l'artiste.

Plus d'un auteur, enchérissant sur tout ce que Gersaint et Mariette ont dit du faible de Pater pour l'argent, de son avarice sordide, puisque le mot a été écrit, l'ont représenté comme atteint d'une véritable monomanie. M. Ch. Blanc, en

(1) « Je devais tout au peu de leçons qu'il m'avait données. » Telle est la phrase textuelle rapportée par Gersaint. Cet aveu, auquel on ne paraît pas avoir pris garde, prouve bien à mon avis que Pater n'avait pas été, comme le prétendent certains écrivains, placé « très-jeune » sous la direction de Watteau. On doit en conclure aussi que ces leçons *in extremis* sont les seules que Pater ait reçues et qui lui donnent droit au titre d'élève de Watteau.

6

particulier, a mis dans la peinture de ce travers une telle
exagération que le fait devient invraisemblable.

« Abandonné à lui-même, dit-il, Pater fut saisi d'un genre
de frayeur que les âmes d'artiste ont rarement connue. L'idée
ou plutôt l'image de la misère traversa son esprit et, ne lui
laissant plus de repos, lui inspira le désir de produire beaucoup, de produire sans cesse, en dépit de l'insuffisance de
ses premières études...... La pauvreté, la vieillesse, l'hôpital,
tous ces fantômes de son imagination épouvantée lui criaient
jour et nuit : travaille, travaille au plus vite ; fais des tableaux, de l'argent et des épargnes. Et Pater, sous l'impression d'une terreur véritable, travaillait en effet, travaillait
sans relâche, moins jaloux de bien peindre que de peindre
beaucoup. »

Et plus loin :

« Dans le cours d'une vie ainsi consumée devant un chevalet, Pater n'eut d'autre passion que la peinture : il n'eut
point d'amis et le seul ennemi qu'on lui ait connu est cet
étrange souci qui atrophia son talent et abrégea son existence.
Pater mourut à la fleur de l'âge, avant de jouir d'une aisance
péniblement acquise. Il semblait qu'il eut adopté ce pro-
gramme aussi insensé que triste : « vivre pauvre afin de
mourir riche. »

Le savant auteur de l'*Histoire des peintres,* qui semble
avoir pris plaisir à forcer les couleurs de ce triste tableau,
aurait dû rechercher d'abord si les écrivains qu'il a suivis
n'ont pas été trompés par l'apparence, si même leur plume
n'obéissait pas à quelque sentiment inavouable (1). Pater était

---

(1) Il est certain que la notice de Mariette laisse percer un sentiment d'extrême malveillance ; qu'on en juge par ce passage :
« Pater mourut à Paris en 1736, âgé de 41 ans, vers le milieu du
» mois de juillet. Sa réputation n'a pas été bien loin. Pater est au-
» jourd'hui presque oublié et c'est ce qui arrivera à tous ceux qui,
» comme lui, seront des imitateurs serviles de la manière de leur
» maître. Le défaut de celui-ci était de ne pas savoir mettre une
» figure ensemble et d'avoir un pinceau pesant. Il n'était occupé

très-économe sans doute, avare même si l'on veut ; mais sa manière de vivre, dont on a outré l'étrangeté, avait peut-être une cause que l'on n'a pas connue.

Qui ne se rappelle l'histoire d'Albert Durer, mourant à la peine sans parvenir à assouvir la soif de richesses de la mégère qu'il avait épousée ? Des traditions de famille recueillies ici même me font croire à une certaine analogie entre le sort du maître allemand et celui du valenciennois.

Pater vivait sous la domination d'une femme qui lui servait de modèle, d'une *poseuse*, pour me servir du terme d'argot artistique alors en usage ; c'est pour elle, paraît-il, pour satisfaire sa cupidité, qu'il se montra si âpre au gain ; et c'est en sa faveur qu'il disposa d'une fortune laborieusement amassée quand il sentit les approches de sa fin.

Son frère le sculpteur l'apprit à ses dépens lorsqu'il fit tout exprès le voyage de Paris pour recueillir une succession passée tout entière entre les mains de l'étrangère.

———

De tous les imitateurs de Watteau, et le nombre en est grand car il a fait école à l'étranger aussi bien qu'en France,

» qu'à gagner de l'argent et à l'entasser ; le pauvre homme ne se
» donnait pas un moment de relâche et se refusait le nécessaire,
» et ne prenait plaisir qu'à compter son or. Je n'ai rien vu de si
» méprisable que lui. »

Un homme impartial ne s'exprime pas avec cette amertume. Mariette était sans doute sous l'influence de quelque rancune personnelle.

Marchands et collectionneurs ne sont pas en général renommés pour leur désintéressement : peut-être Pater ne s'est-il pas montré envers Mariette et Gersaint aussi généreux qu'ils l'auraient désiré. De là une colère qui s'est traduite par des médisances.

Quant à l'opinion du premier sur le talent du peintre valenciennois, elle rappelle celle de Mme de Sévigné sur Racine. Les deux prophéties se valent.

Pater est celui qui rappelle le plus heureusement son incomparable modèle. Pourtant il en est loin encore, surtout comme dessinateur, et s'en distingue par des différences de conception très-profondes.

Lui aussi appartient à l'école flamande ; son coloris brillant et riche est bien encore celui de la Flandre, mais les caractères de sa nationalité deviennent moins tranchés et s'effacent au frottement de l'esprit français.

C'est que Watteau a dans l'âme une poésie qui le soustrait à l'influence du monde extérieur. Epris de l'art pour l'art, indifférent au lucre, il semble n'avoir en vue que son plaisir personnel quand il fixe sur la toile les rêves de son imagination. C'est cette insouciance du goût public qui a maintenu vierge son originalité.

Pater pense et agit tout autrement. Dominé par l'amour du gain, il cherche les succès bruyants, il tend des amorces aux acheteurs et, pour être mieux compris de la foule, il donne un accent d'actualité aux scènes qui chez Watteau eussent été de pure fantaisie. Les personnages de celui-ci sont bien des habitants de Cythère ; les robes de ses amoureuses, comme on l'a dit avec infiniment d'esprit, « sortent de chez les fées et non de chez la couturière. »

Les figures de Pater sont de son temps et suivent la mode.

Je ne parle ici, on le comprend, que des conversations galantes et d'autres sujets du genre de ceux que Watteau aimait à peindre ; car il est une partie de son œuvre, non pas la moins importante, où Pater se montre vraiment créateur et n'emprunte rien à personne. C'est la série de tableaux dont il a cherché les motifs dans le *Roman comique* de Scarron et *les Contes* de La Fontaine.

Une verve inépuisable, des types comiques sans être chargés, une rare intelligence du pittoresque, font de ces compositions de vrais chefs-d'œuvre et l'on comprend aisément la vogue dont elles ont joui. Toutes ont été traduites par le burin des meilleurs graveurs du temps. Tel était l'engouement des amateurs qu'à la vente du cabinet de Lorangère, dirigée par Gersaint, douze de ces gravures, c'est M. Ch.

Blanc qui le fait remarquer, furent vendues plus cher que trente-six pièces de Marc-Antoine d'après Raphaël, avant l'adresse de Salamanque.

L'œuvre de Pater a dû être immense, mais beaucoup de ses peintures, décorant les hôtels des grands seigneurs et des financiers, on été détruites à la révolution. Néanmoins il en existe encore un assez grand nombre pour faire apprécier le mérite du peintre. Le seul catalogue qu'on en connaisse a été dressé par M. P. Hédouin et paraît fort incomplet. La liste des gravures exécutées d'après ces tableaux est encore à faire.

Ces œuvres charmantes ont eu le même sort que celles de Watteau, c'est-à-dire qu'après avoir subi une dépréciation irréfléchie au temps où l'école sévère de la révolution était souveraine en France, elles ont peu à peu reconquis la vogue en acquérant une valeur énorme. Je n'en donnerai qu'un exemple. Lors de la vente de la collection Patureau, en 1857, deux tableaux, *le Concert champêtre* et *la Balançoire*, ont été acquis au nom de l'Empereur au prix de 30,500 fr. Deux autres, *L'Etablissement d'un camp* et *un Campement* furent adjugés à 15,000 fr. C'est à propos de ces toiles que M. Théophile Gautier écrivait les lignes suivantes dans *l'Artiste*, du 19 avril 1857.

« Quant aux Pater, nous n'en connaissons pas de ce mérite et ils ont été pour nous comme une révélation de ce maître charmant, qui devrait être plus célèbre. Il est impossible de rien voir de plus spirituel, de plus vif, de plus fortement touché, et surtout d'une originalité plus française, que *la Pastorale, la Balançoire, l'Etablissement du Camp, le Campement ;* quelles délicieuses figures de femmes, quels élégants cavaliers, quelle amusante disposition des groupes, quelle grâce d'ajustement, quelle couleur perlée, argentée, bleutée, pleine d'or et de reflets ! »

En cherchant bien on trouverait probablement encore, dans plus d'un vieux logis de notre ville, de ces peintures décoratives que Pater exécutait, sans l'aveu des confrères de St-Luc, avant son départ pour Paris. C'étaient du reste de productions assez médiocres. Nous pouvons au moins signaler à Valenciennes quatre toiles de valeur et qui ont le mérite de ne pouvoir être contestées.

Deux appartiennent au Musée. La première (n° 149) est intitulée *la Soirée*. Une jeune femme assise sous les arbres d'un parc et jouant de la guitare au milieu d'un cercle d'auditeurs, les uns debout, les autres assis ou couchés, en voilà le sujet dans toute sa simplicité. C'est une œuvre de la jeunesse du peintre, alors qu'il copiait franchement le maître. Le coloris en est délicieux. Ne détaillez pas la raideur de quelques poses, la maigreur de la touche surtout dans le feuillé des arbres, et l'illusion sera complète ; vous aurez sous les yeux un véritable Watteau.

La seconde toile, *le Nid de Tourterelles* (n° 150), montre un jeune Colin d'opéra comique présentant un nid à sa bergère. Elle est attribuée à Lancret dans le livret historique du Musée, rédigé par feu M. Potier en 1840. Les éditions plus récentes du catalogue la restituent à son véritable auteur. C'est une belle et bonne esquisse de Pater, malgré sa couleur un peu monotone.

Une troisième toile est la propriété de M. Bertin, l'heureux possesseur de l'admirable portrait décrit ci-dessus (page 24). C'est un portrait encore, celui de Marguerite Pater, sœur de l'auteur, qui s'est plu à la vêtir d'un costume de princesse de théâtre dont la digne bourgeoise n'aurait certainement jamais osé s'affubler. Il lui a donné un corsage d'étoffe verte à ramages, ornée d'une superbe dentelle de Valenciennes, avec un manteau rouge doublé de soie jaune. Le tout est d'un ton très-fin et s'harmonise on ne peut mieux avec un fond de paysage ; on regrette seulement que des incorrections de dessin déparent ce joli tableau.

J'ai gardé pour la fin, comme la plus intéressante et non la moins réussie des quatre toiles, le portrait de Pater peint par lui-même, qui se voit dans la galerie historique de notre Société d'agriculture. Il n'en existe pas un second, car, chose étrange, de tant de graveurs dont les compositions du peintre ont fait la fortune, pas un n'a songé à reproduire ses traits.

Pater est représenté dans son atelier, vêtu d'un habit de soie noire ouvert à la poitrine et aux manches pour laisser voir des flots de linge blanc, la tête couverte d'une coiffure, noire aussi, rappelant le bonnet traditionnel des scaramouches de la comédie italienne. Il s'est donné une pose assez cavalière, la main droite appuyée sur la hanche, l'autre, armée d'un crayon, soutenant un carton à dessins. Dans le fond on voit un chevalet supportant un tableau ébauché.

La tradition à l'égard de l'authenticité de ce portrait paraît bien établie ; on retrouve d'ailleurs dans la figure, non-seulement les traits de la sœur du peintre, mais aussi ceux de leur père. Le nez n'a pas l'ampleur de celui du sculpteur, mais la bouche et les yeux se dessinent de la même façon.

L'expression de la physionomie n'infirme nullement l'idée qu'on a dû se former, d'après ce qui précède, sur le caractère impétueux de l'artiste. Dans un moment d'impatience ces yeux vifs devaient lancer des éclairs ; mais en même temps cet air égrillard est bien celui d'un homme disposé à se laisser subjuguer par la première *poseuse* qui saura s'y prendre avec adresse.

La vie de Watteau a été bien courte et la liste de ses contemporains serait trop vite épuisée si l'on s'interdisait de considérer comme tels plusieurs artistes valenciennois, encore enfants au temps où la mort marquait le terme de ses travaux. L'un de ceux-là fut le sculpteur SALY auquel je vais consacrer quelques pages.

On vient de voir que les débuts de Watteau et de Pater dans la vie ne furent nullement pénibles. La position de fortune de leurs parents rendit faciles à l'un et à l'autre les premiers pas dans la carrière ; ce ne sont pas les préoccupations de la misère qui purent jamais interrompre leurs études.

Saly fut moins favorisé sous ce rapport ; en revanche il était destiné à une plus haute fortune. Tous les honneurs lui furent prodigués, on ne lui refusa rien, pas même des lettres de noblesse, et pourtant la postérité oublieuse n'a conservé de lui qu'un vague souvenir. C'est que les plus importantes de ses œuvres n'ont pas été créées pour la France et que l'étranger est seul à les admirer ; c'est que, chose douloureuse à dire, il ne nous reste rien d'assez complet pour faire apprécier comme il le mérite le talent de ce maître. Tel est l'effet des révolutions.

Le père de Saly, un pauvre ménétrier, était venu on ne sait d'où, prendre sa résidence à Valenciennes et avait trouvé à s'y marier. Tout ce que l'on connaît de lui se borne à de courtes mentions inscrites au registre de la Corporation des joueurs d'instruments.

1716 est la première année où l'on rencontre le nom de ce musicien. François Saly est porté en compte pour une somme de six livres « à cause des droits d'apprentissage » que doivent payer ceux qui veullent aller jouer en ville. »

En 1723 il paie une taille de 8 patars « imposée à tous » ceux de ladite communauté, en suite d'authorisation de » M^{rs} du magistrat. »

Enfin, en 1725, le registre porte cette note : « pour néant » Salis, ayant remercié. »

Salis, ainsi que l'appelle cette note, fut père de quatre enfants. Lorsque naquit l'aîné, il habitait une maison de la rue Neuve-Salle-le-Comte, détruite pendant le bombardement de 1793. Elle était située à peu près en face du n° 2 de cette rue, à laquelle on a donné il y a quelques années le nom de Jehan Molinet ; un jardin occupe son emplacement.

Cet aîné de la famille Saly était notre sculpteur. Voici l'acte de son baptême, extrait textuellement des livres de la paroisse de St-Géry :

« 20 de juin 1717 (a été baptisé) Jacques-François-Joseph, » fils légitime de François-Marie Saly et de Marie-Michelle » Jardet. Parin, Jacques Ternan. Marine, Marie-Marguerite » Héneau. »

L'art du ménétrier a rarement enrichi ceux qui l'exercent. François Saly ne devait pas sans quelque peine élever sa famille ; cependant, en homme intelligent, en bon père, il sut encore s'imposer des sacrifices pour mettre son fils à même d'embrasser une carrière plus honorable et aussi plus lucrative que la sienne. Lorsque l'enfant, cédant à une irrésistible vocation, témoigna le désir d'entrer dans l'atelier d'un sculpteur, il le mit sous la direction d'un maître habile que le hasard avait amené peu de temps auparavant à Valenciennes et qui s'y était fixé.

Cet artiste était un Franc-Comtois, nommé *Antoine* GILIS, né à Dole en 1702. Peintre et sculpteur à la fois, il était venu d'Anvers en 1726, et ses premiers travaux avaient donné de son mérite une si haute opinion que le magistrat, désireux de le retenir, en vue du progrès des études, lui assigna une pension moyennant laquelle il devait instruire gratuitement un certain nombre d'enfants pauvres. On préludait ainsi à la création d'une académie, qui n'eut lieu que soixante ans plus tard.

Il faut le remarquer à l'honneur de notre ville, l'encouragement des lettres et des arts est une mission traditionnelle à laquelle n'a failli aucune des administrations qui se sont succédé ici, même aux plus mauvais jours , même quand l'ennemi était à nos portes.

Est-ce à cette intelligente protection, à l'émulation qu'elle excite, qu'il faut attribuer les succès continus des Valenciennois dans toutes les branches des arts et des sciences ? Il est permis de le croire et c'est aussi la pensée de l'un de nos plus illustres savants, de M. Beulé, secrétaire perpétuel de l'Académie des Beaux-Arts. L'exorde de son éloge du sculpteur Francisque Duret, prononcé le 10 novembre 1866 à la séance annuelle de l'Académie, exprime cette idée d'une manière si flatteuse pour notre ville, que je ne résiste pas au désir de le citer. Voici ce passage :

« Il y a dans le nord de la France une ville qui honore particulièrement les artistes ; elle stimule leur vocation, pro - tége leurs débuts, prépare leur succès dans les concours de Paris ; elle les fête quand ils reviennent vainqueurs avec un enthousiasme qui rappelle l'ancienne Grèce. Loin de partager

7

les préjugés de certaines provinces, elle estime que le pinceau, le ciseau, le compas vont de pair avec la robe et avec l'épée ; quand elle choisit ses dignitaires ou ses représentants, elle se souvient que Velasquez a été maréchal du palais, Rubens ambassadeur. Cette ville, Messieurs, c'est Valenciennes, et Valenciennes a été récompensée de son intelligent libéralisme, car une série d'artistes l'a honorée à son tour. Non-seulement elle a envoyé des lauréats à l'Académie de Rome, des maîtres à l'Institut de France, mais elle montre avec orgueil des familles issues de son sein, où le talent devient héréditaire. Les Watteau se sont trois fois signalés dans la peinture, les Dumont comptent cinq générations de sculpteurs, et Joseph Duret, l'auteur du fronton de Saint-Philippe du Roule, a été surpassé par son fils, Francisque Duret, le confrère éminent auquel nous rendons un hommage public. »

Quelle ville pourrait n'être pas fière d'un pareil éloge dont le plus complet désintéressement rehausse encore le prix, car aucun lien ne rattache M. Beulé à Valenciennes. Mais je reviens à mon sujet dont cette digression ne m'a du reste pas trop éloigné.

Gilis passa ici près de trente années, heureux dans ses travaux, jouissant de l'estime de ses concitoyens d'adoption ; puis un jour, alors qu'il touchait déjà à la vieillesse, il se laissa éblouir par les propositions qui lui furent faites de la part des consaux de Tournai, et accepta la direction de l'école de dessin que cette ville voulait créer.

Mais avec l'âge vinrent les infirmités ; le vieil artiste, hors d'état de remplir ses fonctions, dut, après quelques années, céder son poste à un professeur moins débile. Resté veuf de sa seconde femme, ne pouvant attendre aucune aide d'un fils qui l'avait longtemps secondé et qu'une maladie mentale réduisit à l'impuissance, il avait pour toute ressource une modique pension que lui faisait la ville de Tournai, quand la mort vint le délivrer de ses maux, en 1788.

Tel fut le maître de Saly. Il est de tradition toutefois qu'il profita aussi des leçons du vieux Pater ; peut-être est-ce

d'après les conseils du vieillard, enorgueilli par la gloire de
son fils, que le jeune sculpteur partit à son tour pour Paris,
rêvant la fortune et l'immortalité.

Saly était doué de facultés exceptionnelles qu'une sage
direction et des études assidues avaient rapidement déve-
loppées. Dès son arrivée, il se plaça à la tête des élèves de
l'atelier de Coustou le cadet, qu'il avait choisi pour son
maître. A peine âgé de 19 ans, il remporta le second grand-
prix à l'Ecole des Beaux-Arts, et le premier trois ans plus
tard, en 1740.

C'était la première fois qu'un enfant de Valenciennes obte-
nait le titre glorieux de pensionnaire du roi de France à
Rome, car Watteau, qui l'ambitionna un jour, avait échoué
dans la lutte, fort heureusement pour lui peut-être. L'amour-
propre de ses concitoyens, exalté par la gloire de Watteau et
de Pater, vit dans le jeune lauréat l'égal de ces illustres
maîtres et rêva pour lui le plus brillant avenir. Aussi, quand
il vint, en fils reconnaissant, faire hommage de ses couronnes
à sa ville natale, on ne lui ménagea pas les témoignages de
sympathie ; il eut lieu d'être fier des honneurs qui lui furent
rendus, car on ne les prodiguait pas à tout venant et nul de
sa classe, avant lui, n'avait été l'objet de semblables dis-
tinctions.

S'associant à l'allégresse générale, le magistrat envoya les
vins d'honneur de la ville au fils du ménétrier, comme il
l'eût fait à l'hôte le plus illustre.

Cet enthousiasme pour un triomphe artistique est un fait
bien remarquable au commencement du dix-huitième siècle,
alors que les préjugés de caste étaient encore profondément en-
racinés et qu'en général, aux yeux de la haute bourgeoisie
comme de la noblesse, peintres et sculpteurs se distinguaient
à peine des artisans vulgaires. Rien ne montre mieux combien étaient libérales les idées de nos pères.

C'est pendant son séjour à Valenciennes, avant de se mettre
en route pour l'Italie, que Saly modela le beau buste d'Antoine Pater que j'ai décrit à la page 28 de ce volume.

Saly passa à Rome huit années pendant lesquelles il produisit plusieurs œuvres importantes et d'un très-grand mérite. Il se trouvait encore dans la ville éternelle en 1748, quand les pensionnaires de l'Académie de France imaginèrent, en carnaval, cette célèbre mascarade dont Vien retraça les principaux épisodes dans une suite de planches devenues très-rares. Qui sait si le jeune Flamand, inspiré par le souvenir des fêtes de son pays, n'a pas été le promoteur de cette cavalcade ?

De retour en France l'année suivante, il voulut, avant de s'installer définitivement à Paris, se reposer quelque temps au milieu de ses concitoyens qu'il trouva animés des mêmes sentiments à son égard. Il eut l'honneur d'assister un jour à l'assemblée du conseil ; là le Prévôt, après l'avoir complimenté, lui exprima combien la ville serait heureuse de posséder une œuvre de lui à titre de souvenir.

L'occasion était belle pour l'artiste de se montrer reconnaissant autrement qu'en paroles ; il la saisit avec empressement et, laissé libre de choisir le sujet qu'il lui conviendrait de traiter, il proposa de sculpter une statue du roi Louis XV, destinée à décorer la place principale de la ville.

Le conseil eut un moment d'hésitation, car l'état du trésor communal n'était pas assez prospère pour que l'on pût sans réflexion s'engager dans une entreprise de ce genre qui, même avec le concours désintéressé du sculpteur, devait entraîner des dépenses considérables. Saly a dit lui-même, dans les notes d'un mémoire adressé au magistrat, quelle peine lui avait causée cette indécision.

« Lorsqu'il descendit les degrés de l'hôtel-de-ville après ce refus, et qu'il jeta les yeux sur la place où il se proposait de poser la statue du roi, il sentit redoubler le déplaisir qu'il avait de voir son zèle retenu et de n'être pas en état de faire lui-même les frais de ce monument. Cependant, comme il ne perdait pas tout-à-fait l'espérance de l'exécuter, il rentra chez lui et en commença sur le champ une esquisse, se proposant de faire encore une tentative auprès des magistrats lorsqu'elle serait finie. »

L'intervention du prince de Tingry-Montmorency, gouverneur de la ville, mit fin aux irrésolutions du conseil. Ce seigneur, auquel sa haute naissance et son caractère donnaient un certain crédit à la Cour, se fit fort d'obtenir l'agrément du Roi, et c'est sur sa demande que Louis XV fit don à la ville du bloc de marbre nécessaire à l'artiste.

Cette statue, une merveille d'art au dire des écrivains du temps, ne resta que deux ans sur le chantier et, dans cet intervalle, Saly trouva encore le temps d'exécuter en marbre une figure de Faune, modelée à Rome, qui lui ouvrit, en 1851, les portes de l'Académie.

L'administration valenciennoise ne passa pas non plus ces deux années dans l'inaction. Pour constituer à l'effigie du souverain un entourage qui n'offrit pas trop de disparate, on fut conduit à modifier totalement l'aspect de la Grande Place. La partie orientale, à laquelle les édifices municipaux donnaient un caractère grandiose, ne subit pas de changement, mais on reconstruisit les maisons de la face opposée sur un plan uniforme, telles qu'on les voit encore aujourd'hui.

Un curieux tableau, réuni depuis peu de temps aux richesses de notre Musée, reproduit l'aspect de cette partie du grand marché au milieu du XVe siècle. Les deux siècles suivants y avaient apporté peu de modifications, de sorte que l'on peut, d'après cette peinture, reconstruire en idée ce que fit disparaitre l'édilité de 1750. C'était un assemblage informe, et par cela même extrêmement pittoresque, d'édifices en bois aux pignons aigus, aux étages en surplomb, historiés de la manière la plus fantasque, et datant pour la plupart du XVe et même du XIVe siècle.

Là se voyait la maison du prévôt Melchior du Gardin, aux fenêtres de laquelle se tenait avec sa cour le duc Philippe de Bourgogne, quand il fut témoin du célèbre duel judiciaire de Mathieu Coquel et de Jacques Plouvier, en 1454. A quelques pas s'élevait le logis du riche Michel Herlin, qui défendit si courageusement la ville contre les troupes de Marguerite de Parme, en 1567. Plus d'un autre de ces édifices ferait aujourd'hui la joie des archéologues, mais tout cela n'était pas éternel et devait nécessairement céder la place un jour à des constructions plus en rapport avec les habitudes modernes ; n'est-il pas préférable que la transformation se soit opérée d'un seul coup ?

La statue de Louis XV avait neuf pieds de proportion ; elle fut transportée de Paris à Valenciennes à l'aide d'engins spéciaux, imaginés par le célèbre ingénieur Laurent (1). L'inauguration du monument (10 septembre 1752) donna lieu à des fêtes magnifiques, auxquelles faisait allusion le prince de Tingry, dans ce passage d'une lettre adressée à Saly, le 18 mai 1767 ;

« Vous vous êtes trouvé, Monsieur, dans un moment bien flatteur ; toute la ville de Valenciennes et un monde prodigieux des environs assemblé sur la Place et garnissant les toits les plus élevés, en donnant des témoignages d'amour et de respect à leur auguste maître, ont rendu justice à votre habileté, à votre désintéressement, etc. »

Lorsque le voile qui couvrait la statue fut tombé, aux acclamations enthousiastes de la foule, le gouverneur s'approcha de l'heureux artiste et lui remit, à titre de souvenir, une superbe boîte en or dans laquelle se trouvait le portrait du roi. Il reçut encore de M. de Lucé, intendant du Hainaut, un étui de mathématiques également en or. Le lendemain, le sieur Desbleumortiers, lieutenant-prévôt, lui présenta, au nom du magistrat, un nécessaire contenant des pièces d'argenterie marquées aux armes de la ville, du gouverneur et de l'intendant, et, ajoute Hécart, quatre cents jetons d'argent dans une bourse.

Saly n'eut pas à regretter son désintéressement, car la belle œuvre qu'il venait de produire assura sa fortune en consolidant sa réputation. Il reçut les félicitations de la Cour et du Roi, qui avait bien voulu consentir à poser devant lui, et c'est après avoir vu ce marbre que les délégués danois, en

(1) Pierre-Joseph Laurent, né en 1713 à Auberchicourt, dans la châtellenie de Bouchain, mort en 1773. C'est le père du marquis de Villedeuil, ministre de la maison du roi, né à Bouchain le 11 octobre 1742, mort à Paris en 1828.

J. Sally

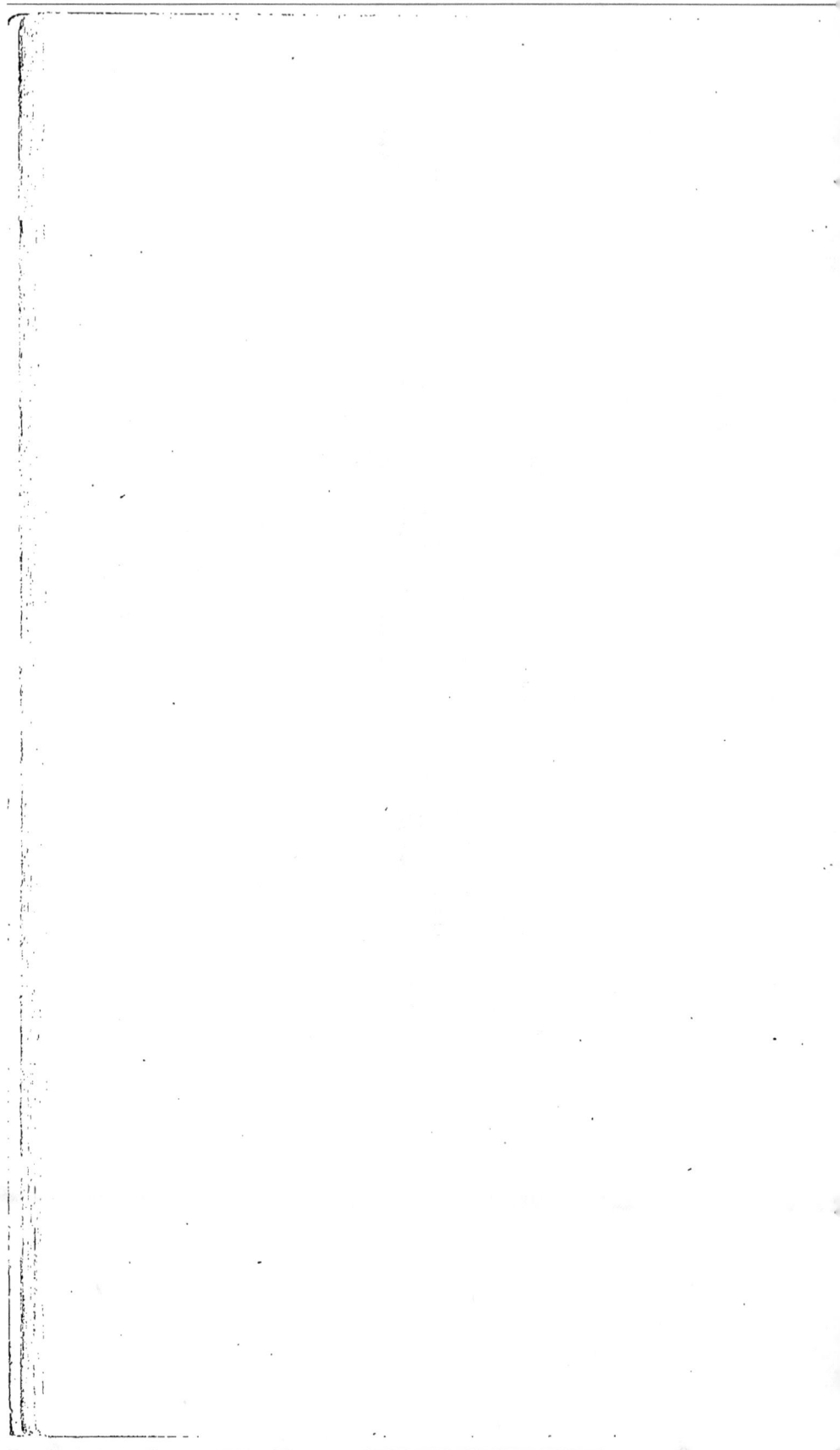

quête d'un sculpteur pour l'exécution de la statue équestre
du roi Frédéric V, que la Compagnie des Indes voulait ériger
à Copenhague, vinrent proposer au jeune Valenciennois de se
charger de cet important travail. Il accepta et partit immé-
diatement pour le Danemark. C'est là que s'écoula la plus
grande partie de son existence.

La statue de Frédéric V fut généralement admirée. Le roi,
juste appréciateur du mérite, comprit quelle impulsion la
présence d'un artiste aussi distingué pouvait imprimer aux
études, il résolut de se l'attacher et pour cela lui confia la
direction de l'école de peinture et de sculpture fondée sous
le règne précédent, et qu'il transforma en académie.

Les résultats dépassèrent son attente (1), aussi ne cessa-t-il
durant toute sa vie de combler de bienfaits notre compatriote
ainsi que sa famille. Car le premier soin de Saly, qui joignait
à un grand talent les plus précieuses qualités du cœur et de
l'esprit, avait été, une fois établi à Copenhague, d'appeler
ses parents près de lui. L'extrait suivant d'une lettre qu'il
écrivait en 1766 au prévôt de Valenciennes, Rasoir de Croix,
montre de quelle faveur il jouissait à la Cour de Danemark :

« ...... Mon père et ma sœur cadète prennent la liberté de
vous assurer, Monsieur, ainsi que Madame de Croix, de leurs
hommages. J'ai eu le malheur de perdre la plus tendre et la
meilleure des mères le 1er décembre 1760, ce qui me causa

(1) Sous l'influence heureuse de Saly, dit Hécart, l'Académie de
Copenhague produisit *Niedevaldt*, sculpteur, dont on cite plusieurs
mausolées décorés avec noblesse ; *Abilgaard*, peintre d'histoire,
justement estimé par ses profondes connaissances et ses talents, et
dont les tableaux forment un des plus grands ornements du palais
de Christiansbourg ; *Zwel*, peintre de portraits, par qui Saly a
consenti de se laisser peindre, qui était l'ami du fameux Charles
Bonnet-Hoyer, peintre en miniature, et qui fut appelé à Péters-
bourg pour y faire le portrait de Catherine II ; *Harsdorff*, qui a
donné les dessins de plusieurs beaux édifices ; et *Thorwalsen*,
dont le talent pour la sculpture obtint à Rome, en 1813, les encou-
ragements les plus flatteurs.

la plus grande des douleurs. J'ai aussi eu le chagrin de perdre ma sœur aînée, pour qui madame de Croix avait tant de bontés, le 25 avril de l'année dernière; elle mourut des suites d'une fausse-couche à l'isle St-Thomas où elle était allée avec son mari. Le roi Frédéric V qui n'a cessé de me donner des marques de bonté pendant le temps qu'il a vécu, m'en a donné une nouvelle preuve en m'accordant un brevet de capitaine et 2,700 livres d'appointement pour M. Dubois de Champré, mon beau-frère, grâce qui fut accordée en faveur du mariage qu'il contractait avec ma sœur. Elle a eu la satisfaction d'apprendre, peu de jours avant sa mort, que Sa Majesté danoise, par un surcroît de bonté pour moi, avait donné le commandement d'un de ses forts à son mari, et que ce poste lui devait valoir 9,000 livres.

» J'ai l'honneur d'être, avec respect, etc.

» Copenhague, 12 mai 1766. »

Frédéric mort, Christian VII, qui lui succéda, ne se montra pas moins bien disposé en faveur du directeur de son académie. C'est aux démarches personnelles de ce prince, par l'intermédiaire du comte de Bernstorff, son ambassadeur à Paris, que Saly dut le cordon de l'ordre de St-Michel, qui lui fut accordé en 1768, en même temps qu'à l'architecte Jardin, autre artiste français établi en Danemark, où il occupait le poste d'intendant des bâtiments royaux.

Les titres de noblesse, à défaut desquels on ne pouvait jouir des prérogatives attachées au titre de chevalier de l'ordre, furent expédiés à l'un et à l'autre dans les premiers jours de l'an 1769. Saly était le premier sculpteur qu'on eût admis jusqu'alors dans l'ordre de St-Michel.

Le renom de ses talents s'étendit jusqu'en Russie, où l'impératrice Catherine l'appela pour exécuter la statue équestre de Pierre le Grand ; mais l'artiste, épuisé par le travail, n'avait plus la force nécessaire pour aborder une entreprise aussi colossale. Il revint en France pour essayer de rétablir sa santé. Ce fut à un autre sculpteur français, Falconnet, que l'impératrice confia le monument du czar.

Saly fit un séjour à Valenciennes en 1775, et mourut à Paris

le 4 mai de l'année suivante. Il prenait le titre de « sculpteur
du Roi et membre de son Académie royale de peinture et
sculpture de Paris, directeur de l'Académie royale de peinture, sculpture et architecture de Copenhague, associé libre
honoraire de l'Académie des Beaux-Arts de St-Pétersbourg,
et membre de celles de Florence, de Bologne, de Marseille,
etc. »

Saly n'a pas acquis en France la célébrité à laquelle lui
donnait droit un talent vraiment supérieur. La raison en est
simple. Son existence d'artiste s'est passée presque tout entière hors de son pays, et des travaux, en nombre assez restreint, qu'il a exécutés en France, ce qui peut avoir échappé
à la destruction n'est guère connu.

Lui-même a donné la liste de ces ouvrages dans un mémoire adressé au Magistrat de Valenciennes. Je la lui emprunte textuellement :

« Indépendamment de la statue pédestre du Roy, de son
piédestal et d'une figure de Faune pour ma réception à
l'Académie royale de Paris, j'ai fait pour Mme la marquise
de Pompadour un amour de 3 piés de proportion en marbre ;
une figure d'Hébé de 6 piés de haut en pierre de Tonnaire ;
pour Mme Geaufrin deux cariatides de 14 piés de proportion,
aussi en pierre de Tonnaire ; pour M. Calabre, un bronze de
mon Faune ; pour M. le comte de la Marche un tombeau en
marbre de 9 piés 6 pouces de proportion, placé dans l'église
de St-Roch à Paris ; pour M. de Valory un autre tombeau de
la même proportion en marbre et plomb doré posé à la cathé-
drale de Quenoy ; pour M. Pineau de Lucé un petit tombeau
en marbre et bronze doré, posé à Tours ; pour M. le duc de
Beauvillier, son portrait en marbre. »

J'ai peine à me persuader que tout cela n'existe plus. Il
n'est pas impossible qu'on en retrouve encore quelques parties dans telle ou telle collection particulière où le hasard les
fera découvrir un jour.

Quant à la statue de Louis XV on en conserve au Musée de
Valenciennes des fragments insignifiants n'ayant de valeur
qu'à titre de reliques : un doigt, une jambe et la moitié de la

plaque de marbre sur laquelle était gravée l'inscription du piédestal, composée par un académicien, bien oublié aujourd'hui, nommé de Boze. Voici cette inscription :

Face antérieure

LUDOVICO XV, REGI CHRISTIANISSIMO ET DILECTISSIMO, PIO, FELICI, SEMPER AUGUSTO, VALENTIANA CIVITAS, ALMÆ PACIS OTIA SPIRANS, STATUAM HANC MARMOREAM CIVIS MANU ELABORATAM, ÆTERNUM AMORIS ET OBSEQUII MONUMENTUM, DAT, DICAT ET CONSECRAT.

Face postérieure

PRÆFECTUS ET ÆDILES, ACCLAMANTE POPULO, POSUÈRE ANNO M.DCC.LII.

On a dit autrefois que le tronc de la statue avait eté enterré dans les dépendances de l'hospice de l'Hôtellerie ; ce n'est qu'une tradition dont jusqu'ici l'exactitude n'a pu être vérifiée.

Une vue de cette figure a été gravée pour le grand ouvrage intitulé *Traité des monuments érigés à la gloire de Louis XV*, publié par Patte, architecte du prince palatin ; mais au dire de Saly, qui s'est plaint avec raison de l'inexactitude de la relation historique donnée dans ce livre, « cette estampe n'est pas fidèlement rendue, on n'y reconnaît ni la statue ni le piédestal. »

Le modèle présenté au Magistrat en 1749 fut longtemps conservé dans le cabinet d'un amateur de Valenciennes ; à sa mort, sa veuve changeant de résidence emporta ses collections qui depuis se trouvèrent dispersées. L'esquisse de Saly a, dit-on, été vendue à Paris ; il serait fort difficile d'en retrouver la trace. M. L. Auvray en a donné un dessin lithographié dans les *Archives du Nord*, 2e série, tome III.

La figure équestre de Frédéric V n'est connue en France que par la belle gravure de Jean-Martin Preisler, qui l'exécuta d'après le dessin original de Saly. Cette belle statue est encore l'ornement de l'une des principales places de Copenhague, celle d'Amalienborg, près du palais royal. Un voyageur français qui l'a vue en passant et qui ne connaissait de l'auteur que sa nationalité, M. Oscar Comettant, l'apprécie ainsi (1) : « Frédéric V n'a rien de remarquable, mais le cheval est d'une grande beauté. »

Il paraît en effet que Saly avait particulièrement soigné cette partie de son œuvre.

« Il passait des journées étant couché sur une litière, sous les plus beaux chevaux du Holstein, pour les dessiner, et de toutes ses études il composa un modèle parfait du plus beau cheval de ce pays, ayant comme tous les chevaux du Holstein la tête longue et busquée. Ce monument l'obligea en outre à beaucoup de travail et de recherches dont il rendit compte au public dans un ouvrage qu'il fit imprimer alors à Copenhague. » (Hécart.)

Ardent au travail comme il l'était, Saly a dû nécessairement produire beaucoup pendant un séjour de vingt-trois ans à Copenhague ; mais les travaux qu'il a laissés par là sont pour nous comme s'ils n'existaient pas. Le Danemark est si loin et l'on a si rarement l'occasion de voyager dans ces régions du Nord! La langue danoise est d'ailleurs fort peu répandue, de sorte que si quelque écrivain du pays s'est occupé de notre artiste, ce qu'il a pu dire est non avenu pour la France.

Le catalogue historique du cabinet de M. de La Live (1764), mentionne deux ouvrages du sculpteur valenciennois :

1° « Un groupe en terre cuite représentant Pan et Syrinx. Ce morceau touché avec goût et d'une agréable composition n'a jamais été exécuté en marbre. »

2° « Un faune. C'est le modèle fait à Rome pour le marbre que l'auteur a exécuté à l'Académie pour son morceau de réception. Ce précieux morceau est digne de l'antique. Les talents de cet artiste lui ont valu la place de directeur de l'Académie du Roi de Danemark, à Copenhague, où il est actuellement. Il n'avait fait le voyage que pour exécuter la statue équestre du Roi, mais les bontés dont ce souverain,

(1) *Le Danemark tel qu'il est*. Paris, 1865.

amateur des arts, l'a comblé, nous laissent peu d'espérance de le revoir en France. »

Le catalogue de Mariette porte les deux dessins suivants :

1º « Le portrait en caricature de Zabaglia, célèbre machiniste romain, dessiné à Rome à la sanguine; il a été gravé par M. de La Live. »

2º « Un tombeau où se voit une femme debout, supérieurement bien drapée, ayant près d'elle une lampe sépulcrale et autres accessoires analogues; ce précieux dessin a été fait à la sanguine. De plus une autre figure de femme drapée. »

Enfin, le catalogue de Paignon-Dijonval signale un portrait du roi Frédéric V, un autre de l'astronome Ticho-Brahé, une tête d'homme et plusieurs académies à la sanguine.

M. de la Live (1), dont je viens de citer le catalogue, a gravé à l'eau-forte, d'après les dessins de Saly, un recueil de caricatures, au nombre de dix-sept; en voici l'énumération :

1. Homme portant le titre sous le bras. — 2. Homme en bonnet de coton, la main dans la poche. — 3. Officier tenant un rouleau de papier. — 4. Officier marchant sur la pointe des pieds. — 5. Le Déguisé de l'atelier. — 6. Homme se tenant la main. — 7. Homme prenant une prise. — 8. Officier tenant sa tabatière. — 9. Vieille portant une sorte de cruche. — 10. Servante portant un plat chaud. — 11. Abbé tenant la prise de tabac. — 12. Femme portant une corbeille avec du linge. — 13. Officier marchant posément. — 14. Cuisinier tenant une casserole. (Cette planche a été reproduite en 1864, dans un recueil illustré.) — 15. (Ce numéro manque à la collection de la Bibliothèque impériale). — 16. Figure assise sur une pierre tenant son bras. — 17. Homme au tablier.

Pendant le cours de ses études à l'Académie de France à Rome, Saly composa et grava à l'eau-forte une admirable suite

---

(1) Ange-Laurent de la Live de Jully, introducteur des ambassadeurs, membre honoraire de l'Académie royale de peinture, était originaire de Valenciennes et proche parent de Mme d'Epinay. Né à Paris en 1725, il mourut en 1775.

de vases. La bibliothèque publique de notre ville possède un des rares exemplaires de cette collection.

On a le portrait de *Saly* gravé par Cochin, son ami et son collègue à l'Académie; il en existe des copies par les graveurs Rousseau et Malfeson. C'est en s'inspirant de ce portrait que M. L. Auvray a exécuté le buste en marbre qui fait partie du musée de Valenciennes et dont une reproduction a été placée récemment au musée de Versailles.

Dans la collection de feu Arthur Dinaux on voyait un cadre renfermant le portrait de Saly, entouré de quatre autres portraits de membres de sa famille. Ces dessins, exécutés à la mine de plomb, étaient de Le Lorrain, et portaient la date de 1758.

Quelques années avant la naissance de Saly, au temps où Watteau peignait ses plus beaux chefs-d'œuvre, c'est-à-dire vers 1714 ou 1715, un jeune peintre flamand était venu chercher fortune à Valenciennes où l'une de ses sœurs faisait sa résidence. Il se nommait *François* EISEN et n'avait guère alors plus de vingt ans. Le bon accueil qu'on lui fit, la possibilité qu'il vit de vivre honorablement par ses talents, le décidèrent à planter sa tente dans cette ville où l'avenir lui souriait, et il s'y maria le 28 juillet 1716.

Sa femme, Marguerite Gainze, qui lui avait donné sept enfants, le laissa veuf après une douzaine d'années de mariage ; il épousa en secondes noces la fille d'un cultivateur dont le nom populaire n'est pas encore oublié et a servi longtemps à désigner une de nos rues, celle de la cense *Henri Bulo*. De cette union naquit un huitième enfant.

Eisen habitait une maison de la rue du Fossart, aux environs du n° 3; les registres de la capitation le nomment *Haisene, petit peintre*.

Cet artiste, qui ne manquait pas de mérite, serait tombé dans un profond oubli si Hécart, qui l'a connu personnellement dans sa vieillesse, n'avait pris soin de consigner ses souvenirs dans sa Biographie valenciennoise.

Nous apprenons par lui qu'on voyait des tableaux d'Eisen dans les églises du Béguinage, des Brigittines, des Ursulines et dans l'abbaye de Vicoigne où il avait été chargé de décorer le grand réfectoire d'hiver. Les sujets de cette décoration étaient empruntés à l'histoire, et à ce propos Hécart rapporte l'anedocte suivante :

« L'ouvrage achevé, l'abbé Bondu fit rappeler le peintre pour qu'il couvrît toutes les gorges des femmes qu'il y avait représentées. Eisen s'en défendit, disant que son travail serait gâté ; qu'il avait dû peindre ces femmes telles qu'elles étaient dans les pays qu'elles habitaient : il cita même l'exemple de Martin de Vos qui, dans un tableau qui était placé dans l'église de l'abbaye de St-Jean, représentant la *Circoncision,* avait peint des mères donnant à têter à leurs enfants, en attendant que leur tour vînt d'être circoncis. Cependant M. l'abbé ayant insisté, Eisen prétendit que puisqu'il voulait qu'il habillât ses figures, il devait en payer les vêtements, et le prix étant convenu, le peintre exécuta l'ordre et en reçut le payement ; mais, pour ne point gâter son ouvrage, il n'avait peint ces mouchoirs qu'en détrempe, de manière que quelques années après, en nettoyant ces tableaux, ils revinrent dans leur premier état. »

Quelques sujets de mécontement qu'il crut avoir contre l'administration de Valenciennes, et surtout sa rivalité avec Gilis, déterminèrent Eisen, en 1745, à quitter cette ville pour aller habiter Bruxelles, sa patrie. Il en fut chassé, après un assez court séjour, par la guerre dont les provinces belgiques furent peu après le théâtre, et alla se fixer à Paris où il fut reçu membre de l'Académie de St-Luc.

Il peignit dans cette ville, au dire d'Hécart, un tableau de famille dans le genre de Gérard Dow et de Mieris, « tableau d'un fini précieux et que des amateurs trouvèrent si beau qu'ils prétendirent que les portes d'entrée de l'Académie royale lui eussent été ouvertes, s'il avait voulu s'y présenter. »

« Eisen, continue le biographe, ne manquait pas d'occupation à Paris : il peignit beaucoup de tableaux dans le genre grâcieux; il y en eut même plusieurs qui furent gravés. Mais dans un âge avancé son imagination commença à tarir ; il se réduisit alors à un modeste logement dans la rue de la Huchette et régla sa dépense. C'est là que je fis sa connaissance en 1770; il était alors âgé de quatre-vingt-cinq à quatre-vingt-six ans, sa femme était du même âge. Il s'était assujetti au goût des marchands de tableaux qui lui donnaient de l'ouvrage, il peignait pour eux des tabagies, des caricatures, des bambochades. Les tableaux avaient six à sept pouces de hauteur, il en faisait deux ou trois par mois et on les lui payait trois louis chaque. Ce gain suffisait à ses besoins. Il était encore alors d'une vivacité pétulante et ne se servait pas de lunettes... Ses organes s'étant affaiblis à l'âge de quatre-vingt-dix ans, il fut reçu avec sa femme aux Incurables et ils moururent dans cet hospice. »

Nous ne connaissons à Valenciennes que deux tableaux de F. Eisen; ce n'est pas assez pour vérifier jusqu'à quel point sont mérités les éloges d'Hécart.

La première de ces toiles, conservée au musée (n° 84) est intitulée *Vision de la Madeleine;* on y voit des anges qui portent la croix et montrent à la sainte pénitente le mystérieux symbole de la rédemption. C'est une peinture sans valeur et d'ailleurs fort endommagée.

Le second tableau, faisant partie de la collection Benczech, représente un astronome dans son cabinet. La composition, le dessin, la touche très-libre et très-spirituelle, tout est à louer dans ce joli morceau, sauf la couleur qui est terne et tire sur le violet.

Les sujets que traitait Eisen à Paris étaient de nature à plaire à la foule; il fut en vogue à son heure et plusieurs de ses compositions eurent l'honneur d'être traduites par la gravure. Lui-même a gravé à l'eau-forte, d'une pointe très-habile, un tableau de Rubens représentant *le Christ donnant les clés à St-Pierre* et plusieurs autres pièces parmi lesquelles un intérieur flamand.

Voici la liste des principales gravures exécutées d'après ses tableaux :

Les petits Bouffons, enfants faisant danser un chat et un singe, par Cathelin.

L'Appât trompeur, par Schwab.

L'Ingratitude, scène d'enfants, — *La jolie Charlatane*, — *L'Amour en ribotte*, — *L'Attente du moment*, — *Le Plaisir malin*, par Halbou.

L'amusement de la Jeunesse, enfants faisant chanter un chat, — par N. Dupuis.

La Malice enfantine, — *Déguisements enfantins*, — par le même.

L'Espiéglerie, — *L'Optique*, — par Henriquez.

La Marchande de Plaisirs, — par P. L. Cor.

La Sultane reconnaissante, — par Macret.

Le beau Commissaire, — *La Marchande de Chansons*, — *Le Repos*.

L'Ecole flamande de filles, — *L'Ecole hollandaise de garçons*, — par Ouvrier.

Cette nomenclature fait voir assez que les talents de François Eisen étaient appréciés à Paris; pourtant, malgré cette vogue d'un moment, il n'a pas de place dans l'histoire de l'art et son nom serait inconnu, son souvenir évanoui comme celui de bien d'autres artistes d'un mérite égal ou supérieur au sien, s'il ne lui eût été donné de revivre dans la gloire de son fils, *Charles* EISEN.

Tous ceux qui ont parlé de ce célèbre dessinateur ne le connaissaient guère, car il s'est commis à son égard tout autant d'erreurs qu'au sujet de Watteau et de Pater. La plus notable est celle qui le fait naître à Paris et elle est commune à presque tous les biographes.

Eisen a travaillé à Paris, donc il y est né; tel est l'étrange raisonnement que semblent s'être fait ces écrivains, et l'on ne niera pas que l'expédient ne soit très-commode quand on manque de renseignements positifs et qu'on ne sait où s'en procurer. Quel est le lecteur qui s'avisera de vérifier l'exactitude d'une assertion aussi franchement émise? D'ailleurs où s'adresserait-il, à supposer qu'il eût la volonté de le faire?

Ce n'est pas chose possible que de constater la présence d'un nom sur les registres des innombrables paroisses de Paris; quant au reste du pays, une seule localité peut avoir intérêt à réclamer, et le plus souvent il arrive qu'elle ignore jusqu'au nom du personnage dont il est question. Dans tous les cas l'honneur est sauf; l'auteur est cru sur parole et son erreur, répétée par des copistes, devient un article de foi.

Le cas est différent pour Eisen. Il ne doit plus être permis d'ignorer qu'un hasard heureux a rapproché son berceau de ceux des deux gracieux maîtres dont il devait continuer la tradition. Aux réclamations qui déjà se sont élevées à ce sujet il manquait une preuve sans réplique, le texte de l'acte de baptême de l'artiste; voici cette pièce, extraite des registres de la paroisse de Saint-Nicolas à la date du 17 août 1720 :

« Le même jour fut baptisé Charles-Dominique-Joseph, » né ce jourd'hui à dix heures du matin, fils de François » Eisen, peintre, demeurant au Fossart, et Marie-Marguerite » Gainze, sa légitime épouse. Parein fut Charles Du Bois, de » la paroisse de la Chaussée; mareine Marie-Marguerite Mi- » chez. Le père estant présent. Ont signé François Eisen, » Charles Dubois, Marie-Marguerite Miché. »

Eisen était le troisième de huit enfants. Il n'eut pas d'autre maître que son père et nous savons par Hécart à quel système d'éducation il fut soumis.

« Eisen, dit-il, fit de son fils un grand dessinateur, et lorsque ce fils eut acquis de la facilité par le travail, il lui apprit l'art de bien draper en jetant au hasard, sur une chaise, une robe de soie, du linge, un manteau, une couverture, et en lui ordonnant d'en faire un dessin fidèle. D'autres fois il lui donnait à dessiner des meubles, des animaux, des plantes, enfin quand ce fils se fut exercé et qu'il sut bien dessiner

9

d'après nature, Eisen le conduisit de temps en temps dans un cabinet de tableaux et, s'arrêtant devant celui qu'il avait choisi, il en faisait remarquer à son fils les perfections et les défauts ; de retour au logis il lui demandait une composition semblable à celle qu'il venait de voir. Celui-ci travaillait et ce que la mémoire ne lui rappelait pas, il était forcé d'y suppléer par l'imagination, et c'est par ce moyen qu'il a amené son fils, petit à petit, à ce qu'il m'a dit, à devenir compositeur. »

Ce mode d'enseignement était en effet fort rationnel, et le meilleur argument qu'on puisse produire en sa faveur, ce sont les résultats qu'il a donnés.

Dès qu'il eut conscience de sa capacité, Eisen ne perdit pas son temps en province et, le plus tôt qu'il put, se dirigea vers Paris, la terre promise des jeunes artistes. Quelques auteurs lui donnent pour maître le graveur Lebas, dans l'atelier duquel il ne paraît pas cependant être resté longtemps.

De quelle nature furent ses débuts et comment fut-il conduit à abandonner l'art de la peinture qu'il avait cultivé d'abord, non sans succès, pour se livrer exclusivement au dessin ? Ce sont des points sur lesquels on peut donner carrière à l'hypothèse. Il est certain au moins que sa réputation fut bientôt établie, car dès l'année 1747, il était bien jeune encore, nous le voyons chargé de la composition des culs-de-lampe et des figures de la belle édition de Boileau, donnée par le sieur de Saint-Marc, en cinq volumes in-8°. Dès ce moment il ne cessa plus de collaborer à la plupart des publications de luxe entreprises en France et même à l'étranger.

C'était l'époque la plus brillante du règne de Mme de Pompadour et l'on sait que cette favorite aimait les arts et les choses de l'esprit, « comme pas une des maîtresses de qualité n'eût su le faire, » a dit M. Sainte-Beuve.

« Arrivée à ce poste éminent et peu honorable, beaucoup moins honorable qu'elle ne le croyait, elle ne s'y considéra d'abord que comme destinée à aider, à appeler à elle et à encourager le mérite en souffrance et les gens de valeur en tout genre. Sa seule gloire est là, son meilleur titre, sinon son excuse. »

Eisen dut beaucoup à cette haute protection et il put croire que sa fortune était assurée quand Mme de Pompadour le choisit pour son maître de dessin. Car elle n'aimait pas seulement les arts, elle les cultivait avec passion ; l'on connaît de sa main une série de fort jolies eaux-fortes, gravées en grande partie d'après les dessins de Boucher et d'Eisen, et l'on peut croire que celui-ci, qui gravait lui-même avec beaucoup de goût, n'est pas resté étranger à l'exécution de ces planches.

Par le crédit de sa protectrice il obtint encore le poste de professeur des pages et des gardes-du-corps, grasse sinécure dont le produit le mettait à même de ne se refuser aucune des jouissances de la vie ; mais c'était un fantasque incapable de mettre un frein à ses désirs. Un acte de folle outrecuidance, qui paraîtrait incroyable s'il n'était rapporté par des écrivains sérieux, lui fit perdre sa position et le rejeta au milieu des orages de la vie artistique.

Toujours attentive à chercher les moyens de dissiper l'incurable ennui de Louis le Bien-Aimé, Mme de Pompadour avait un jour rêvé de créer pour lui un costume d'un genre inconnu, dont la nouveauté l'amusât et qui flattât sa vanité en étonnant la cour. Eisen qu'elle chargea du soin de le dessiner, justifia sa confiance en imaginant une merveille d'originalité et de bon goût. Le roi lui-même s'en montra satisfait ; mais lorsque revêtu de ce brillant habit il s'avançait vers ses courtisans, joyeux comme un enfant à l'idée de la surprise qu'il allait produire, quels ne furent pas sa stupéfaction et son dépit lorsqu'il aperçut, faisant la roue au milieu d'un groupe de grands seigneurs émerveillés, un personnage paré exactement comme lui !

Coupe, étoffe, broderies, tout était identique dans les deux costumes ; on eût dit que l'intrus voulait répéter les scènes comiques de l'*Amphytrion* de Molière. C'était, on le devine, le malencontreux Eisen qui, dans un moment de caprice, avait voulu rivaliser d'élégance avec son souverain et poussait l'effronterie jusqu'à venir, ainsi vêtu, parader dans les salons de Versailles.

Il méritait bien, on l'avouera, la disgrâce dont il fut frappé à la suite de cette incartade, et même il dut s'estimer heureux d'en être quitte à ce prix; tant d'autres avaient vu se fermer sur eux les portes de la Bastille pour des offenses moins graves que celle-là.

Hécart voit dans cette anedocte la preuve qu'Eisen avait parfois des absences de raison. On serait assez porté à le croire et, à vrai dire, on trouverait difficilement une autre excuse aux erreurs de la vie du malheureux artiste. C'est bien gratuitement qu'on s'est apitoyé sur son sort en disant qu'il avait été « maltraité de la fortune comme presque tous les » gens de mérite » ; après une période de faste et d'opulence, s'il passa les dernières années de sa vie dans un état voisin de la misère, ce fut la conséquence inévitable d'une existence déréglée. On ne peut révoquer en doute à ce sujet le témoignage du prevôt De Pujol, qui rapporte ainsi la fin de son compatriote dans un des chapitres de sa *Galerie historique :*

« La vie crapuleuse qu'il menait à Bruxelles où il s'était retiré depuis quelque temps, accéléra la fin de ses jours. Il mourut en cette ville le 4 janvier 1778, rongé de goutte et tourmenté par les maux qu'entraînent le libertinage et la débauche. Il a laissé une femme et trois enfants victimes de son inconduite. »

Si la vie privée d'Eisen inspire peu de sympathie pour son caractère, ses œuvres sont de celles dont l'étude excite le plus d'intérêt; il n'en est pas qui réalisent aussi complètement l'idée que l'on se forme de ce style charmant, appelé style Pompadour, du nom de celle qui en a favorisé le développement.

On sait bien que les puritains de l'art se voilent la face si l'on vient à parler de cette « époque de décadence et de dissolution ». C'est une affectation pédantesque dont il ne faut pas tenir compte. Le beau idéal, le beau absolu est une abstraction ; toute génération qui se lève voit la mode changer dans les arts comme en littérature. Est-il sage de mépriser ce que d'autres ont adoré, sans être sûr que la postérité ne nous bafouera pas à notre tour? N'est-il pas téméraire de prétendre juger en dernier ressort alors que les préventions nous aveuglent ?

Les peuples, a-t-on dit, ont toujours le gouvernement qu'ils

méritent ; de même chaque époque adopte un style nécessairement conforme à ses mœurs, à ses goûts et qui se modifie
avec eux. Aux hommes qu'enchantait l'école poétique de Dorat
et du cardinal de Bernis, à ceux qui se plaisaient à la lecture
des fines poésies de Voltaire ou des chants érotiques de
Gentil Bernard, parler des grandes traditions de l'antique, eût
été un contre-sens. Le genre solennel du siècle de Louis XIV
avait fait son temps; il en fallait un autre en harmonie avec les
aspirations de la société nouvelle. Les hommes de talent qui
le trouvèrent, ne dissertaient pas sur l'esthétique, mais ils
avaient la foi artistique qui sauve ; c'est pourquoi leurs
œuvres vivront, tandis que les prétentieuses productions de
l'allemand Raphaël Mengs, leur adversaire le plus acharné,
n'ont pas laisé de souvenir.

N'est pas Boucher qui veut, disait le grand David ; on peut
ajouter : n'est pas qui veut Eisen, Marillier ou Gravelot. Or
de ces trois aimables représentants de l'art du dessin au
XVIIIᵉ siècle, le premier l'emporte incontestablement sur les
autres. Le crayon de Marillier est un peu lourd, sa composition semble pénible et recherchée ; Gravelot lui-même n'a
pas la fécondité d'invention, la fantaisie originale de son
émule. Cochin et Moreau ne viennent qu'au second rang.

L'esprit des figurines d'Eisen est inimitable. A moins d'être
l'esclave de préjugés absurdes, on ne peut qu'admirer ses
nymphes aux formes rondelettes, ses enfants joufflus, plus
vrais et souvent plus corrects de lignes que ceux de Boucher.
Dans l'agencement des culs-de-lampe et des vignettes, il
atteint presque la perfection. Aussi, des livres pour lesquels
ils étaient inventés, ces gracieux motifs passèrent souvent
dans la décoration des appartements. Les peintres et les
sculpteurs se plurent à les reproduire en dessus de porte ou
en trumeaux, et il n'est pas rare encore de rencontrer de ces
copies que le caprice des propriétaires a respectées.

Les dessins d'Eisen étaient faits à la mine de plomb ou
lavés à l'encre et parfois coloriés à l'aquarelle. Ceux qui restent sont fort recherchés des amateurs.

Le nombre des gravures exécutées d'après lui est incalculable et il a eu le bonheur d'être interprété par d'habiles hommes dont la pointe spirituelle n'a rien enlevé du charme de ses compositions. En première ligne parmi ces graveurs se placent plusieurs enfants du Nord de la France : Aliamet, né à Abbeville, et son élève J. De Longueil, de Givet, Masquelier, de Cysoing, etc.

Donner l'énumération complète des travaux d'Eisen serait bien difficile ; mais voici une liste de quelques uns des livres pour lesquels il a créé des illustrations ; elle fera apprécier son étonnante fécondité.

Œuvres de Mme Deshoulières. Paris, 1747. 2 vol.

Œuvres de Boileau, édition de M. de Saint-Marc. Paris, 1747. 5 vol. in-8°.

L'Art d'Aimer ou le Remède d'Amour, traduit d'Ovide. Amsterdam, 1751. in-8°.

Histoire des Peintres flamands, de Descamps. Paris, 1753. 4 vol. in-8°.

Il congresso di Cithera, 1756, in-12. Une seconde édition du même ouvrage a été faite en 1768.

Eloge de la Folie, d'Erasme ; traduction de Gueudeville. 1757, in-12.

Les Saisons, poème traduit de l'anglais. Paris, 1759, in-8°.

Œuvres de Grécourt. 1764.

Lettres de lord Velford. 1765, in-8°.

Les Dévirgineurs et Combabus. 1765, in-8°.

Les sens, poème en six chants. Londres, 1766. in-8°.

Fanny ou la Nouvelle Pamela, par d'Arnaud. 1767. in-8°.

La Déclamation théâtrale, poème de Dorat. 1767, in-8°.

Mes Fantaisies. Amsterdam, 1768, in-8°.

L'Heureux Jour, épître à mon ami. 1768, in-8°.

Les Héroïdes de Blin de St-Maur. 1768, in-8°.

Narcisse dans l'île de Vénus. Paris, 1769, in-8°.

Les quatre parties du Jour, par Zacharie. Paris, 1769, in-8°.

Les Jeux de la petite Thalie, par De Moissy. 1769, in-8°.

Dix feuilles de leçons pour le paysage, gravées par De Pujol. 1770.

Les Baisers, de Dorat. 1770, in-8°.

Pièces de théâtre, par le président Henaut. 1770, in-8°.

La Henriade. Paris, 1770, 2 vol. in-8°.

Théâtre de Voltaire. Amsterdam, 1770, in-8°.

Lettres d'une chanoinesse de Lisbonne. 1771, in-8°.

Le Tableau de la Volupté, par D. B. A Cythère. 1771, in-8°.

Phrosine et Mélidor, poëme en quatre chants. Messine et Paris, 1772, gr. in-8°.

Poésies pastorales, par Léonard. Paris, 1771, in-8°.

Le Temple de Gnide, par Montesquieu. Paris, 1772, in-8°.

Anacréon Paphos. Gravé en 1772, publié en 1780.

Tarsis et Zélie. Paris, 1774, 6 vol. in-8°.

Œuvres de M. de Saint-Marc. 1775, in-8°.

L'Hôpital des Fous. Paris, 1775, in-8°.

Adonis. Paris, 1775, in-8°.

Recueil de poëmes de Dorat, 1776, in-8°.

Œuvres de Bernard.

Les Géorgiques.

Les Contes de Lafontaine.

La Pipe cassée, par Vadé.

La Christiade.

Onze vignettes et médaillons pour les campagnes de Louis XV.

Della natura delle di Lucrezio, traduit par Alexandre Marchetti. Amsterdam, 2 vol. in-8°.

Etc., etc.

Même après la mort d'Eisen on se servit de ses dessins pour diverses publications, telles que *la Mort d'Abel*, tragédie de Legouvé, 1793, et les *Œuvres agréables et morales de Pezai*. Liége, 1791. 2 vol. in-8°.

Eisen a gravé quelques planches à l'eau-forte : Une vierge, un saint Eloi prêchant, un saint Jérôme, un vase, une fontaine dont la vasque est supportée par des syrènes, etc.

Les peintures qu'il a laissées sont des plus rares. Nous n'en possédons pas à Valenciennes ; mais à Douai on voit dans la chapelle de la Vierge, à l'église St-Pierre, une toile capitale dont le sujet est l'Annonciation. C'est un tableau bien composé et remarquable par la finesse du dessin et la franchise de l'exécution, mais laissant à désirer sous le rapport de la couleur. Il porte le millésime de 1776.

Le *Magasin pittoresque* (année 1841), signale dans la collection de M. de Saint-Remy, au Mans, « deux charmantes toiles d'Eisen que des experts inscriraient à coup sûr sous le nom de Boucher ; mais, quand on le peut, il faut rendre à chacun ce qui lui appartient. L'un des tableaux de M. de Saint-Remy représente un enfant qui presse du doigt le robinet ouvert d'une fontaine ; l'eau s'échappe par un étroit passage et jaillit sur deux jeunes filles épouvantées. C'est un ouvrage de chevalet plein d'esprit et de gentillesse. » L'autre tableau, de même dimension, a pour titre *les jeunes Filles et le Perroquet* (1).

« Quand on parle d'un disciple de Watteau, on parle nécessairement d'un peintre coquet, précieux et guindé : tel est Eisen. Mais cette coquetterie ne nous semble pas toujours disgracieuse. Est-ce donc une faiblesse d'aimer ce qui est aimable? »

On n'oserait garantir que cette attribution n'est pas le résultat d'une erreur. Peut-être serait-on fondé à revendiquer la paternité de ces toiles plutôt pour François que pour Charles Eisen. Quoi qu'il en soit, l'auteur de l'article n'avait que des notions très-vagues sur le peintre dont il parlait. On en jugera par cette autre citation :

« Eisen, dit-il, doit être compté parmi les peintres de l'école française, bien que, si nous ne nous trompons pas, il soit flamand de naissance. Eisen était contemporain, quelques uns disent élève de Watteau ; toujours est-il qu'il a travaillé dans sa manière. »

Il serait difficile de donner un exemple d'une plus étrange confusion.

Le portrait d'Eisen, gravé par Fiquet d'après Vispré, a servi de modèle à M. de Pujol qui l'a gravé au trait, et à M. J.

(1) Un croquis de celui-ci accompagne l'article du *Magasin pittoresque*, p. 397.

Léonard pour un portrait faisant partie de la Galerie historique de la Société d'agriculture de Valenciennes.

Il ne serait pas logique de clore la revue de cette brillante période de l'art valenciennois sans parler de deux peintres qui ont porté vaillamment le nom de Watteau. Ce ne sont pas les contemporains du grand Antoine, un lien plus étroit les attache à lui ; ce sont ses proches, des neveux dont il n'eût pas renié la parenté artistique. Mais quoique l'un d'eux ait vu le commencement du siècle actuel, ce que l'on sait de leur vie est trop vague pour permettre de composer une notice satisfaisante. Je ne puis qu'essayer de grouper les faits suffisamment avérés.

Watteau avait plusieurs frères. Le plus jeune, nommé Noël, fut comme son père maître couvreur à Valenciennes, et entre autres travaux il construisit vers 1740 la toiture du vaste bâtiment où est installée la manutention militaire. C'est de son second mariage qu'est issu le peintre *Louis* WATTEAU, que parfois on appelle Watteau de Lille, pour le distinguer de son oncle, et en raison du long séjour qu'il a fait dans la capitale de la Flandre française. Son acte de baptême, inscrit sur les registres de Notre-Dame-la-Grande, est ainsi conçu :

« L'an mil sept cent trente et un, le dixième du mois d'avril, fut baptisé Louis-Joseph Watteau, né le même jour, fils légitime de Noël-Joseph Watteau, maître couvreur de cette ville, demeurant rue Capron (1), et de Marie-Charles Denoyelles, son épouse légitime.

» Le parrain M. Louis-Joseph Leroy, demeurant rue Capron.

» La maraine Mlle Marie-Joseph Sohier, fille de M. Sohier,

---

(1) La maison habitée par le maître couvreur a été réunie à celle qui porte le n° 17, où est établi un pensionnat de jeunes filles.

ancien échevin, au nom de Mademoiselle sa sœur, Marie-
Joseph-Esther Sohier, lesquels ont signé les jours, mois et
an que dessus :

» Berne, curé de Notre-Dame-la-Grande.

» Noël Watteau.

» Leroy.

» Sohier. »

Que ce soit l'exemple de son oncle qui ait déterminé la
vocation du jeune Watteau, on ne doit pas en douter ; mais
il est impossible de dire positivement ce que furent ses débuts
dans la carrière.

Un obscur artisan, aujourd'hui complètement oublié, nommé
Bondu, lui donna les premières leçons ; plus tard il suivit les
cours de l'Académie royale de Paris et y obtint plusieurs médailles.

A l'âge de 23 ou 24 ans nous le trouvons fixé et marié à
Lille, et en 1755 il y est nommé professeur de dessin à l'académie. Plein de zèle comme tous les néophytes, il voulut,
dans l'intérêt des élèves, modifier l'enseignement d'après le
système adopté dans les écoles de Paris, et faire poser le modèle vivant. Il ne s'attendait guère à l'orage que cette inno-
vation devait faire éclater.

Les bons Lillois, qui n'avaient jamais vu rien de pareil
aux indécents bonshommes dessinés par leurs enfants, firent
grand tapage en criant au scandale ; les élèves saisirent avec
bonheur ce prétexte pour se dispenser de fréquenter l'école ;
les magistrats eux-mêmes, non moins prudes que leurs
administrés, jugèrent le cas si grave que le professeur fut con-
traint d'abandonner son poste. Augurant mal de son séjour à
Lille, il revint habiter sa ville natale, où l'on comprenait
mieux les nécessités de l'art, et y fit sa résidence habituelle
pendant près de vingt ans.

Dans le *Registre des résolutions des maîtres peintres*, on voit
que, le 24 décembre 1756, une charge de peintre fut vendue
« au sieur Watteau, pour le prix de deux cents livres de
France. » Plus tard il devint connétable de la corporation, et
forma un atelier que fréquentèrent de nombreux élèves.

Dans cet intervalle, les Lillois avaient eu le temps de s'é-
clairer; ils finirent par comprendre que l'on n'offense pas
Dieu en étudiant les formes de la plus parfaite de ses créatu-
res, et ne s'effarouchèrent plus quand le professeur, réin-
tégré dans ses fonctions vers 1775, ouvrit de nouveau une
classe du modèle.

Lorsque le prévot De Pujol fonda l'académie de Valenciennes, Watteau fut le premier inscrit sur la liste des acadé-
miciens, le même jour que son compatriote Olivier Lemay
(5 décembre 1785). Il peignit pour morceau de réception *le
Congé absolu*, qui porte le n° 222 au catalogue de notre musée.

C'est lui qui fut chargé en 1795, par la commission des
arts, de faire l'inventaire des richesses artistiques saisies dans
les couvents de Lille ou délaissées par les émigrés. Il mourut
trois ans plus tard, le 11 fructidor an VI (28 août 1798). Il a
formé de bons élèves dont l'un, né en Belgique, nommé Du-
pont, devint son gendre et fut connu depuis sous le nom de
Dupont-Watteau.

Le peintre Donvé (Jean-François), qui fut l'élève et l'ami
de Greuze, avait eu aussi Watteau pour premier maître. Il
était né à Saint-Amand-les-Eaux en 1736, et mourut à Lille le
15 février 1799.

Louis Watteau est à peine connu de nom hors du départe-
ment du Nord; cependant il avait le travail facile, il a produit
un grand nombre de tableaux de genre, de paysages, etc.,
et nécessairement on a dû en exporter beaucoup. Il est difficile
d'expliquer pourquoi sa réputation ne s'est pas mieux établie,
alors que tant de petits maîtres, bien inférieurs à lui, sont
prônés outre mesure par les amateurs.

La peinture de Watteau, reconnaissons le, ne frappe pas par
un caractère saillant d'originalité, mais elle plaît et c'est un
grand point. Sa manière est bien à lui, il n'a copié personne.
Le seul peintre avec lequel on pourrait à la rigueur lui assi-
gner une lointaine parenté, c'est Joseph Vernet, dans ses
paysages ornés de figures.

Si l'on peut trouver à redire à sa couleur, toute conven-
tionnelle, il faut louer son dessin élégant et spirituel, l'adroit
agencement de ses compositions et la légéreté de sa touche.

Watteau est avant tout peintre de genre, heureux surtout dans les sujets militaires, mais il a aussi abordé la peinture d'histoire. On connaît de lui, dans l'église paroissiale d'Avesnes, sept tableaux ornant la chapelle de Ste-Anne, de la Vierge et de St-Nicolas, autrefois chapelle Madame.

A Saint-Amand-les-Eaux, en 1782, il a décoré de sujets historiques et allégoriques la salle de l'hôtel de l'échevinage (hôtel-de-ville), où se tenaient les plaids. Ces compositions, au nombre de huit, sont parfaitement conservées ; elles ne manquent pas de valeur et sont hardiment peintes, mais on leur préférera toujous les tableaux de chevalet, du genre de ceux qui se voient dans les musées de Lille et de Valenciennes.

Voici l'énumération des tableaux de Saint-Amand :

1º *Jugement de Daniel*. Le moment choisi est celui où l'on enchaîne les vieillards. Suzanne est dans un coin, à droite de Daniel.

2º *Jugement de Salomon*.

3º *La Femme adultère*.

4º Sujet allégorique (au-dessus de la cheminée). *La Charité* tenant un nourrisson dans ses bras, distribue du travail et des aliments à un groupe d'indigents, tandis que dans le fond une figure, personnifiant l'Activité, chasse avec violence l'Hypocrisie, représentée par une jeune femme qui tient une béquille d'une main et de l'autre un masque de vieille, l'Incontinence, un satyre tenant une coupe et un flambeau, et la Gourmandise, sous la forme d'un porc.

5º Groupe d'enfants portant les attributs de la justice ; d'autres tiennent une couronne, un sceptre et une branche d'olivier.

6º *Christ en croix*. Divers personnages sont groupés au pied de l'instrument du supplice.

7º Groupe d'enfants avec les emblèmes du commerce.

8º *Attributs du travail*. Des enfants jouent avec un rouet et différents outils ; d'autres figures symbolisent la Paresse, l'Hypocrisie, la Luxure et la Gourmandise.

Le musée de Valenciennes, outre *le Congé absolu* signalé plus haut, possède quatre jolies toiles représentant les quatre divisions de la journée : *le Matin, Midi, Vespres, le Soir,* (nᵒˢ 218, 219, 220, 221).

A la collection Benezech appartient une tête de buveur flamand de grandeur naturelle (nᵒ 16), qui, suivant la tradition, est le portrait de Fr. Decottignies, dit *Brûle-Maison.* Il convient toutefois de faire remarquer que le chansonnier Lillois n'était pas contemporain de Watteau.

A Lille on conserve six compositions importantes :

309. — *Vue de la ville de Lille, prise du Dieu-de-Marcq.*

310. — *Confédération des départements du Nord, de la Somme et du Pas-de-Calais sur le champ de Mars de Lille, en 1790.*

311. — *Une halte de Soldats.*

312. — *Le Bombardement de Lille en 1792* (esquisse).

313. — Même sujet de grande dimension.

314. — Paysage.

On voit aussi quatre dessins de ce maître dans le musée Wicar.

Citons encore un tableau divisé en douze compartiments, intulé *Testes de Raisme,* dédié à Mˡˡᵉ Le Danois de Cernay. Il se voit, au château de la famille d'Aremberg, à Raismes.

Ces morceaux sont les pièces capitales de l'œuvre du peintre; à qui les a étudiés, il est facile de reconnaître les tableaux de Watteau qui se rencontrent encore assez fréquemment dans les ventes ou dans les collections particulières.

Il existe un assez grand nombre de gravures exécutées d'après ses tableaux et ses dessins. On en trouvera le catalogue aux pièces justificatives.

Un buste en plâtre de L. Watteau, modelé par M. Bainville, est conservé dans la galerie historique de la Société d'agriculture de Valenciennes.

————

La femme de Louis Watteau était lilloise et se nommait Dandoy ; elle lui donna quatre enfants, qui tous virent le jour à Valenciennes. L'aîné reçut au baptême les noms de *François-*

Louis-Joseph ; il naquit le 19 août 1758 (registres de la paroisse de la Chaussée).

L'amour des arts étant traditionnel dans la famille Watteau, son père n'eût garde de contrarier sa vocation dès qu'il en eut donné le moindre signe. Il se chargea lui-même de son éducation et lui fit compléter à l'école de Lille des études ébauchées à Valenciennes. Tant de soins ne furent pas infructueux, car le jeune homme, médailliste de Lille en 1774, fut admis l'année suivante à l'Ecole des Beaux-Arts de Paris, où il obtint une troisième médaille en 1782. En dehors de l'école il avait choisi pour maître le peintre Durameau.

De retour à Lille il fut adjoint à son père dans le professorat de l'Académie, en 1786, et le remplaça définitivement en 1798. On lui doit la première organisation du Musée de cette ville. Il mourut le 1er décembre 1823.

François Watteau est un peintre fort estimable, il a réussi particulièrement dans le genre grâcieux. Il serait difficile de trouver un spécimen plus complet de sa manière que le *Menuet sous le Chêne* du Musée de Valenciennes (n° 223).

On a dit que cette toile était un morceau de réception à l'Académie de Valenciennes ; c'est une erreur, car l'auteur n'eut jamais le titre d'académicien. Il fut simplement agréé le 9 septembre 1788, peut-être sur la présentation de ce tableau, lequel néanmoins resta la propriété d'un amateur nommé d'Orgeville, chez qui il fut saisi à la suite de l'émigration. Les quatre parties du jour de Louis Watteau ont la même provenance.

Le Musée de Lille possède cinq compositions de François Watteau :

1° *La Procession de Lille en 1780.*

2° *La Braderie,* scène de mœurs locales très-curieuse.

3° *Escarmouche de Cavalerie,* combat entre des cuirassiers français et des hulans.

4° *Episode du Siége de Lille en 1792.*

5° *Une fête au Colysée.*

On cite, parmi les ouvrages envoyés par ce peintre aux

expositions de Paris, deux *Batailles d'Alexandre* qui lui valurent une médaille d'or.

Voici l'opinion qu'émettait sur ce peintre un critique d'art nommé George Duplessis, après une visite au musée de Valenciennes, en 1858.

« François-Louis-Joseph Watteau est bien plus habile que son père. C'est un peintre de mœurs et un des plus fidèles reproducteurs des habitudes et des coutumes de son temps. Il est l'auteur de douze aquarelles, vendues 600 francs, à la vente de dessins et estampes faite à Paris le 15 décembre 1856. Le tableau que l'on voit ici représente le petit Trianon et une danse champêtre sur le gazon. »

On a pu voir de lui, il y a quelques années, entre les mains d'un habitant de notre ville, un paysage de grande dimension, orné de figures représentant le *bain de Diane et le châtiment de la nymphe Calisto.*

François Watteau avait un frère puîné, nommé *Martin-Raphaël,* qui débuta avec succès, car cette famille était vraiment prédestinée, dans la carrière des arts. Il professait le dessin à l'école des Ponts et Chaussées, à Paris, quand il mourut en 1782, à l'âge de 20 ans.

Aujourd'hui la descendance directe des Watteau est éteinte, suivant toute apparence ; il ne reste d'eux qu'un glorieux souvenir et des œuvres dont on se dispute la possession. Le personnage de ce nom qui assistait en 1865 à l'inauguration du monument de Nogent-sur-Marne, aurait été sans doute fort embarrassé si on lui avait demandé d'établir sa généalogie.

ERRATA.

Page 5, note 1, ligne 11 : au lieu de n° 25, lisez n° 26.
Page 53, ligne 10 ; au lieu de 1851, lisez 1751.

PIÈCES JUSTIFICATIVES.

I.

Voici les lettres dont il a été question à la page 10.

Elles ont été publiées pour la première fois dans un recueil dirigé par M. de Chennevières, sous le titre de *Archives de l'art français*.

« Ces lettres, dit M. A. Dinaux (1), proviennent du baron de La Roque-Gelis, proche parent du chevalier de La Roque, ami de Watteau qui fit son portrait, gravé ensuite par Lépicié. Elles firent partie d'un legs laissé par le baron de La Roque à l'abbé Campion de Tersan, amateur des beaux-arts, qui lui-même les donna en novembre 1812 à la marquise de Grollier, amie, élève de Greuze, de Van Spaendonck, d'Hubert Robert, amie aussi de M. de Humboldt et de l'abbé Delille. M. le baron Ch. de Vèze, qui rassembla une collection unique d'œuvres de Watteau, malheureusement dispersée récemment, prit chez Mme de Grollier une copie exacte, en fac-similé, de ces lettres de l'artiste qu'il chérissait pardessus tout, et les adressa le 16 août 1852, de l'Isle-Adam où il demeurait, à M. de Chennevières qui les inséra dans le tome III de ses *Archives*, p. 208-213. »

(1) *Archives du Nord*, 1855, page 403.

1.

*A Monsieur Gersaint, marchand, sur le pont Notre-Dame,
de la part de Watteau.*

Du samedi.

Mon ami Gersaint,

Oui, comme tu le désires, je me rendrai demain à dîner avec
Antoine de La Roque, chez toi. Je compte aller à la messe de
dix heures à Saint-Germain-de-Lauxerrois ; et assurément je
seroi rendu chez toi à midi, car je n'auroi avant qu'une seule
visite à faire à l'ami Molinet qui a un peu de pourpre depuis
quinze jours.
En attendant ton amy.

A. Watteau.

2.

A Monsieur de Julienne, de la part de Watteau, par exprès.

De Paris, le 3 de mai.

Monsieur,

Je vous fais le retour du grand tome premier de l'Ecrit de
Leonardo de Vincy, et en mesmes temps je vous en fais agréer
mes sincères remerciements.
Quant aux lettres en manuscrit de P. Rubens, je les gar-
derai encore devers moi si cela ne vous est pas trop désa-
gréable, en ce que je ne les ai pas encore achevées. Cette
douleur au côté gauche de la tête ne m'a pas laissé sommeiller
depuis mardi et Mariotti veut me faire prendre une purge dès
demain au jour, il dit que la grande chaleur qu'il fait l'aidera
à souhait. Vous me rendrez satisfait au delà de mon souhait
si vous venez me rendre visite d'ici à dimanche ; je vous mon-
trerai quelques bagatelles comme les païsages de Nogent, que
vous estimez assez par cette raison que j'en fis les pensées en
présence de Mme de Julienne à qui je baise les mains très-res-
pectueusement.
Je ne fais pas ce que je veux en ce que la pierre grise et la
pierre de sanguine sont fort dures en ce moment, je n'en puis
avoir d'autres.

A. Watteau.

3.

A M. Monsieur de Julienne de la part de Watteau.

De Paris, le 3 de septembre.

Monsieur,

Par le retour de Marin qui m'a apporté la venaison qu'il vous a pleu m'envoier dès le matin, je vous adresse la toile où j'ai peinte la teste du sanglier et la teste du renard noir, et vous pourrez les dépêcher vers M. de Losmenil, car j'en ai fini pour le moment. Je ne puis m'en cacher mais cette grande toile me resjouist et j'en attends quelque retour de satisfaction de vostre part et de celle de Mme de Julienne, qui aime aussi infiniment ce sujet de chasse, comme moi-mesme. Il a fallu que Gersaint m'ammenât le bonhomme La Serre pour agrandir la toile du costé droit, où j'ai ajousté les chevaux dessous les arbres, car j'y éprouvois de la gesne depuys que j'y ay ajousté tout ce qui a esté décidé ainsi. Je pense reprendre ce costé là dès lundi à midi passé, parce que dès le matin je m'occupe des pensées à la sanguine. Je vous prie de ne pas m'oublier envers Mme de Julienne à qui je baise les mains.

A. Watteau.

4.

A M. Mon Sieur de Julienne.

Monsieur,

Il a pleu à M. l'abbé de Noirterre de faire l'envoi de cette toile de P. Rubens où il y a les deux testes d'anges, et au-dessous sur les nuages cette figure de femme plongée dans la contempla-tion. Rien n'auroit seu me rendre plus heureux assurément si je ne restois persuadé que c'est par l'amitié qu'il a pour vous et pour monsieur votre neveu que M. de Noirterre se dessaisit en ma faveur d'une aussi rare peinture que celle-là. Depuis ce moment où je l'ai reçue, je ne puis rester en repos, et mes yeux ne se lassent pas de se retourner vers le pupitre où je l'ai placée comme dessus un tabernacle. On ne sauroit se per-suader facilement que P. Rubens ait jamais rien fait de plus achevé que cette toile. Il vous plaira, Monsieur, d'en faire agréer mes véritables remerciements à M. l'abbé de Noirterre, jusques à ce que je puis les luy adresser par moy-mesme. Je prendrai le moment du messager d'Orléans prochain pour lui escrire et lui envoier le tableau du repos de la Sᵗᵉ-Famille que je luy destine en reconnaissance.

Votre bien attaché amy et serviteur, monsieur,

A. Watteau.

II.

ŒUVRE DE WATTEAU.

Il est bien difficile, pour ne pas dire tout à fait impossible, de dresser le catalogue de l'œuvre d'un peintre, et pour Watteau la difficulté est plus grande encore parce que ses tableaux sont en grand nombre dispersés à l'étranger, dans des galeries particulières où l'on n'a pas facilement accès. M. P. Hédouin, après de longues et consciencieuses recherches, n'est parvenu à réunir qu'un nombre restreint d'indications qu'il ne faut pas songer à compléter. Le catalogue de l'œuvre gravé, qui n'a jamais été donné, semble d'une composition plus facile ; c'est celui qu'on trouvera ici.

Voici d'abord, d'après l'excellent livre de Robert Duménil sur les peintres-graveurs, ce qui concerne les gravures à l'eau-forte dont Watteau lui-même est l'auteur :

« L'œuvre de Watteau comme gravure à l'eau forte est composée de huit pièces, dans lesquelles on reconnait la même facilité et le même esprit que dans ses dessins.

» Parmi ces pièces il en est sept qui font partie d'une suite de douze, y compris le frontispice, qui se rencontre, terminée au burin, dans les volumes publiés après la mort de l'artiste. (1)

» Voici le titre de ce volume :

» *Figures de modes dessinées et gravées à l'eau forte par Watteau et terminées par Thomassin le fils.* »

» MM. Hubert et Rost donnent cette suite entière à Watteau, aussi bien qu'une marche de soldats de recrue qui vont joindre l'armée ; mais ils se sont trompés ; les pièces qui sortent de notre catégorie ont été gravées par Thomassin, Deplace et Jeaurat, et la marche de soldats par Boucher.

» Au surplus ils se taisent sur les pièces de la Troupe italienne qui pourtant est indubitablement de l'artiste.

» M. d'Argenville ne particularise aucune de ses pièces ; il dit simplement, en parlant du maître : « Son œuvre compose trois volumes et contient cinq cent soixante-trois planches ; le premier volume comprend cent trente sujets historiés ; les deux autres, qui sont des études, renferment trois cent cinquante pièces de sujets de caprice, parmi lesquels il y a seize paysages, trente figures chinoises et cinquante-trois ornements ou paravents, dont plusieurs sont gravés de sa main.

FIGURES DE MODE.
(On en connoit cinq états.)

« *L'homme accoudé.*— Il est de bout, les jambes croisées, vu de face, et accoudé, à droite, sur un piédestal dans un parc ; sa tête nue est inclinée du même côté ; il regarde en l'air.

» *Le promeneur vu de face.*—Une main passée dans sa veste et l'autre dans son gousset, il est vu regardant à gauche et marchant de face dans un parc. Un bouquet de verdure occupe le fond de la gauche, et une maison se voit du côté opposé.

» *L'homme appuyé.* — Il est vu de trois quarts, dirigé à gauche, où il s'appuie, d'une main, sur la vasque d'un jet d'eau, supportée par un dauphin. Il regarde du même côté et sa tête, vue de profil, est coiffée d'un chapeau de plumes.

» *Le promeneur vu de profil.*— On le voit à l'entrée d'un bois qui occupe la droite, dirigeant ses pas du côté opposé ; sa tête, couverte d'un chapeau à plumes, est vue presque par derrière.

» *La femme marchant à gauche.* — Vue de trois quarts et relevant sa robe ; la tête inclinée à droite et regardant en l'air, elle dirige ses pas à gauche sur un gazon émaillé de fleurs que des habitations bordent au fond de la droite.

» *La femme marchant au fond.* — Vue par le dos et marchant au fond, où l'on voit des habitations, elle paraît près du pignon d'une maison avec borne qui occupe la droite.

» *La femme assise.*—Jeune femme de condition assise, vue de face, où elle regarde, à côté du piédestal d'un vase environné d'arbres, qui se voit à droite, piédestal sur lequel elle s'appuie en se caressant le menton de son éventail.

» *La troupe italienne.*— Cinq acteurs de l'ancienne comédie italienne, vus presque en pied, semblent faire leurs adieux au public qu'ils saluent. Scapin, placé derrière Pierrot, à droite, écarte le rideau ; tous deux regardant de face, aussi bien que deux actrices vues au milieu, qu'Arlequin, en habit de Mezzetin, étant à gauche, regarde attentivement.

» Dans la marge on lit, savoir : au-dessous du trait carré, *peint et gravé à l'eau forte par Watteau, et retouché au burin par Simonneau l'aîné*

» Et au-dessous, ces huit vers en deux colonnes :

Les habits sont italiens, / Et qu'Italiens et François
Les airs françois et je parie / Riant de l'humaine folie,
Que dans ces vrays comédiens / Ils se moquent tout à la fois
Est une aimable tromperie ; / De la France et de l'Italie.
GACON.

» Et plus bas : à Paris, chez Sirois, sur le Quay-Neuf, aux *Armes de France*. C. P. G. »

Watteau, en mourant, légua la plus grande partie des dessins qui lui restaient, à son ami, M. de Julienne, et celui-ci, dans son admiration pour le génie de l'artiste, résolut de faire graver ces précieux croquis pour en former un recueil composé de plus de six cents pièces, qui furent tirées à cent exemplaires seulement. Cette collection, devenue rare malgré les tirages supplémentaires qui en furent faits dans la suite, est fort recherchée des amateurs ; il n'est pas exact toutefois de l'intituler Œuvre de Watteau, car la plupart des tableaux du maître, ceux qui caractérisent le mieux son genre, n'y sont pas reproduits.

Le nombre des gravures exécutées d'après le peintre des fêtes galantes est très-considérable ; un collectionneur célèbre, le baron de Vèze, avait réuni neuf cent cinquante pièces, qui malheureusement se sont trouvées dispersées après sa mort. S'il était possible de réunir les eaux-fortes d'amateurs, et les gravures qui n'ont pas été mises dans le commerce, on arriverait vraisemblablement à un total d'environ douze cents pièces pour l'œuvre entier.

La liste qui suit a été formée d'après les catalogues de ventes qui ont eu lieu à Paris depuis une vingtaine d'années. Bien que nécessairement incomplète, elle pourra n'être pas sans utilité pour les curieux. Comme une classification méthodique n'est guère possible en pareille matière, il a paru plus simple d'adopter, pour l'énumération des pièces, l'ordre alphabétique des noms de graveurs.

ALIAMET.

Jeune dame entrant dans l'eau pour se baigner, tandis que sa camarade se laisse embrasser.

AUBERT.

L'indiscret. — Le rendez-vous de chasse. — Les fêtes au Dieu Pan. — La promenade sur les remparts. — Le pénitent. — La polonaise (cab. du comte de Murés). — Femme de Kouei Tcheou.

B. AUDRAN.

La surprise. — Le concert champêtre (cab. de M. Bougi). — La danse paysanne. — Les entretiens badins. — L'aventurière. — L'enchanteur. — Le passe-temps. — Amusements champêtres. — La Finette. — Etudes, femmes assises. — Mezzetin (cab. de M. de Julienne). — L'hiver. — Le docteur. — L'automne. Saison du cabinet de M. de Julienne. — Jeune femme assise dans un intérieur élégant. — L'Amour désarmé, d'après l'invention de Paul Veronèse. — La marmotte. — La fileuse, pendant du numéro précédent. — Le teste à testes. — Costume

⟩ de soldats dans diverses attitudes, 14 p. — Bon voyage. — L'heureux loisir. — La sultane (cab. de M. de Julienne). — Retour de chasse. Portrait de Mme de Vermenton, nièce de M. de Julienne. — Moines en prières. — Le rendez-vous.

.AVELINE.

Les charmes de la vie. — L'enseigne de Gersaint, représentant l'intérieur de sa boutique qui se trouve rue de la Cité au coin du petit pont. — Récréation italienne. — Diane au bain. — La rêveuse. — La famille. — Le may, grand panneau d'arabesques. — La villageoise. — L'enlèvement d'Europe. — Les amusements de Cythère. —⫻ L'amante inquiète. — L'emploi ✗ du bel âge. — L'enjôleur. — Bacchus.

BALZER.

Pour garder l'honneur d'une belle. Copie allemande d'après Cochin.

BAQUOY.

La ruine.

B. BARON.

Comédiens italiens. — L'accord parfait. — Les deux cousines. — L'amour paisible. — Pillement d'un village par l'ennemi. — La revanche des paysans.

BONNET.

Etudes de costumes de pèlerins, trois figures. Fac-similé de ✗ dessin à la sanguine. — Costumes d'hommes et dame, id.

DU BOSQ.

A Defile. — The flying camp. — Convoi of the equipage. — Return of the campaign. — La Torillère, célèbre acteur. ✳

F. BOUCHER.

Portrait de Watteau, à mi corps; d'après lui-même. — Les quatre saisons. Panneaux arabesques. — Têtes d'enfants. — ⟍ Jeune fille. — Saint-Félix, capucin. — Pierrot. — Enfant en ⤧ buste. — Négrillon. — Homme dansant. — Joueur de man- ✗ doline. — Escarpolette. — Beaucoup de costumes, dames assises et debout, etc. — Chinois, tirés du cabinet du Roi ⟊ (eau-forte). — Latorillère, de trois quarts. — Le même personnage de face, coiffé d'un chapeau. — Pomone. — L'hiver. — Portrait à mi-corps, tenant son crayon de la main gauche et la droite appuyée sur son portefeuille. — Fête champêtre. — ⤙

La coquette. — Le dénicheur de moineaux. — Figures chinoises du château de la Muette, 12 p.

E. BRION OU BRILLON.

La contredanse. — Le printemps, saison du cabinet de M. de Julienne. — Le colin-maillard.

A. CARDON.

Le bain rustique. — La signature du contrat de la noce du village.

CARS.

Escorte d'équipages. — La diseuse d'aventure. — Fêtes vénitiennes.

D. CAYLUS.

Diverses petites compositions (eau-forte). — Acis et Galathée. — Chasse aux oiseaux. — Le naufrage. Allégorie où M. de Julienne sauve Watteau à son retour de Londres. — Buste de jeune fille. — Têtes d'étude, 8 p. — Suite de figures inventées par Watteau et gravées par son ami C..., 25 p. dont le titre. — Médecins et apothicaires poursuivant un malade dans un cimetière (eau-forte terminée par Joullain). — Vénus et l'Amour; en bas un singe de chaque côté. — Vénus blessée par l'Amour; plafond. Eau forte retouchée par Aveline. — Dessus de clavecin.

CHEDEL.

Arlequin jaloux. — Retour de guinguette.

CHEREAU.

Les plaisirs du bal. — Les plaisirs de la jeunesse (réduction). — Les plaisirs de l'arlequin. — Iris, c'est de bonne heure avoir l'air à la danse. — L'abreuvoir. — Le marais.

C.-N. COCHIN.

Camp volant. — Retour de campagne. — La mariée de village. — L'amour au théâtre français. — Pour garder l'honneur d'une belle. — Le bosquet de Bacchus. — L'amour au théâtre italien. — Le conteur. — Belle, n'écoutez rien, Arlequin est un traître. — Au faible effort que fait Iris. — Si nous reprenons quelque haleine. Halte de soldats. — Hommes debout se promenant la canne à la main. — Détachement faisant halte. — La jalousie. — Même sujet différemment traité. — Saint-Antoine,

COUCHÉ.

Le bal champêtre.

ELIS. COUSINET.

Le moulin de Quiquengrogne. Ce tableau a été attribué à Lancret.

CRÉPY OU CRESPY FILS.

Le dénicheur de moineaux. — La perspective. — Portrait de Watteau, en buste, de trois quarts, tourné à gauche, d'après lui-même. — Le conteur de fleurettes. — Collation champêtre. — Bon voyage, copie d'après Audran. — L'aventurière, copie d'après Audran. — Le triomphe de Cérès. — L'escarpolette. — Les délassements de la guerre. — Le qu'en dira-t-on. — Berger jouant de la flûte près de sa bergère. — Berger dansant au son de la flûte. — Musicienne pinçant de la guitare. — Pierrot debout sur un tapis. — Arlequin debout sur un tapis. — Deux amants assis et causant. — Les quatre saisons, mêmes sujets que ceux gravés par F. Boucher. — Le berger content. — L'heureux moment.

DEMARTEAU.

Buste de jeune dame, aux trois crayons. — Tête de jeune fille, aux trois crayons.

DESPLACES.

Repas de campagne. — La peinture (singe). — La sculpture (singe). — Le repos de campagne. — Le printemps.

DUFLOS.

Divers petits sujets, plus de 30 p.

DUPIN.

Spectacle français, petite pièce rare. — Les enfants de Sylène. — Les enfants de Bacchus. — Le départ pour les îles (enlèvement des filles de joie). — La vivandière. — L'automne.

DUPUIS.

L'occupation selon l'âge. — Leçon d'amour.

JAC. DE FAVANNES.

Les agréments de l'été. — L'amour paisible. — Le galant jardinier.

FESSARD.

L'automne. — Les enfants de Bacchus.

FILLEUL.

Têtes de caractère, études des compositions de Watteau
(24 p.). — Le pénitent. — Un saint au désert. — Portrait de
Watteau, encore jeune, la tête seule de trois quarts, dirigée à
gauche, les cheveux négligés. — L'hiver. Fuyez loin de
Daphné, etc.

J. GREVE.

Deux très-petits sujets.

GUYOT.

Enfants chasseurs. Panneau d'ornements. — Cahier d'arabesques, tiré du cabinet de M. le duc de Cassi ; quatre pièces
en couleur.

HECQUET.

Figures françaises et comiques. — Officier en surtout. —
Demoiselle de qualité coiffée en cheveux. — Pèlerins de l'île
de Cythère. — Dumirail en habit de paysan. — Mlle Desmares
jouant le rôle de pèlerine. — Poisson en habit de paysan. —
Mlle Romagnesi l'aînée, jouant le rôle de pèlerine.

W. HIBBART.

Copie du portrait de Watteau, d'après F. Boucher.

HUQUIER.

Panneaux d'arabesques avec sujets des saisons, 4 pet. pl. —
Le berceau. — La pèlerine altérée.— L'Empereur chinois. —
Divinités chinoises, 2 p. — Le temple de Diane. — Tobie faisant enterrer les morts. — Les quatre éléments dans un seul
panneau. — La déesse. Diane sur un nuage. — La chasseuse.
— Le bouffon. — Le berger empressé. — Le jardinier fidèle.
— L'innocent badinage. — Le repos des pèlerins. — Les plaisirs de la jeunesse. — Les oiseleurs. — Les quatre éléments,
4 p. — Le théâtre. — Le galant. — La grotte. — La danse
bachique. — La voltigeuse. — Les quatre saisons, pièces en
travers. — Le jardin de Bacchus. — Neptune. — Le duo
champêtre. — L'heureuse rencontre. — L'amusement. — Les
jardins de Cythère. — Livre nouveau de différents trophées.

L. JACOB.

Départ des comédiens italiens en 1697. — L'abreuvoir. — Le marais. — Saint-Antoine.

JEAURAT.

Pierrot content. — Diverses figures et Tartares au château de la Meute, 12 p.

JOULLAIN.

Médecins et apothicaires poursuivant un malade dans un cimetière. (L'eau-forte est du comte de Caylus.) — Les agréments de l'été. — Homme assis sur banc de pierre. ✗

N. DE LARMESSIN.

Louis XIV mettant le cordon bleu à M. de Bourgogne, père de Louis XV. (Belle pièce à costumes avec les portraits de plusieurs princes et princesses de la cour.) — L'accordée de village. — L'île de Cythère. — L'hiver, saison du cabinet de M. de Julienne. — La mariée de village.

LEBAS.

La gamme d'amour. — L'île enchantée. — L'assemblée galante. — La balanceuse, grand panneau d'arabesques.

LEHARDY DE FAMARS.

✗ La vraie gaieté (eau-forte).

LÉPICIÉ.

Antoine de la Roque assis dans un paysage allégorique. — Portrait de Watteau, à mi-corps, dans son atelier, tenant la palette de la main gauche, d'après lui-même.

LIHGFOOT.

✝ La fête champêtre.

LIOTARD.

Le chat malade. — Le sommeil dangereux. — Comédiens français. — Entretiens amoureux. — La conversation. — La plus belle des fleurs ne dure qu'un matin, portrait de Mlle ***. — Le rendez-vous champêtre. — Satyre regardant Diane endormie. — Catin. ✗

P. MERCIER.

La toilette du matin. — Collation, réduction. — La cascade

réduction. — Musique. — Réunion de personnes dans un jardin. — L'île de Cythère. — Naissance de Vénus. — Deux amants assis dans la campagne, ayant l'air fâché (eau-forte). — M. de Julienne jouant du violoncelle près de Watteau dans un jardin (eau-forte très-rare). — Cinq figures dans un paysage en hauteur. — Un danseur au son de la musique devant quatre personnes. — La troupe italienne en vacances. — L'amant repoussé. — Leçon d'amour (eau-forte).

MOYREAU.

Halte. — Défilé. — Du bel âge où les jeux remplissent vos désirs. — La partie carrée. — La musette. — J.-B. Rebel, musicien-compositeur, de l'Académie royale de musique. — L'été, saison du cabinet de M. de Julienne. — La chûte d'eau. — L'alliance de la musique et de la comédie. — Fête bachique, grand panneau d'arabesques. — La collation. — Colombine et Arlequin (arabesques). — Les singes de Mars. — Le marchand d'orviétan. — La favorite de Flore. — La cause badine. — Les enfants de Momus. — Le vendangeur. — Le frileux. — Momus. — Colombine.

NAUDET.

Embarquement pour l'île de Cythère (eau-forte). — L'accordée de village (eau-forte).

PH. PARISEAU.

Vénus et l'amour (eau-forte), p. ovale.

PICOT.

The island of Cytherea. — L'île de Cythère. — Les plaisirs de l'été, scène de baigneuses.

P. M.

Triomphe de Galathée.

PROBST.

Adonis, portrait d'une actrice dans ce rôle. Copie allemande.

DE PUJOL.

Portrait de Watteau au trait, pour la *Galerie historique*.

RANSONNETTE.

Les amusements italiens.

RAVENET.

Départ de garnison.

JEANNE RENARD-DUBOS.

La Sainte-Famille. — L'été.

DE ROCHEFORT.

Femme assise sur un baquet, tenant un enfant, regardant une jeune fille qui trait une chèvre.

SCOTTIN.

Le lorgneur (cab. de M. de Julienne). — La sérénade italienne. — La cascade. — La lorgneuse. — Les jaloux. — Les plaisirs du bal. — L'indifférent. — La partie de chasse, grand panneau d'arabesques. — Le petit poinçon. — Les fatigues de la guerre. — Les délassements de la guerre. — David, sujet religieux.

SURUGUE.

Les amusements de Cythère. — Arlequin, Pierrot et Scapin. — Pour nous prouver que cette belle. — Concert de famille.

TARAVAL.

Rendez-vous de chasse (eau-forte).

TARDIEU.

Les Champs-Élysées. — L'embarquement pour Cythère. — M. de Julienne jouant du violoncelle près de Watteau, dans un jardin. — Le plaisir pastoral. — Heureux âge ! âge d'or ! — Iris, c'est de bonne heure avoir l'air à la danse. — La proposition embarrassante.

THOMASSIN.

Coquettes, qui pour voir galants au rendez-vous. — Le même sujet réduit. — Galanterie d'Arlequin. — Mezzetin jouant de la guitare. — Sous un habit de Mezzetin. Pendant de la troupe italienne. — Voulez-vous triompher des belles ? — Recrue allant joindre le régiment.

C. VANLOO.

Deux nymphes des eaux avec leurs urnes.

12

La danse paysanne, pièce en rond.

Pièces diverses, anonymes, ou imparfaitement désignées dans les catalogues.

Très-petit portrait de Watteau sur une carte géographique. (Collection de Vèze.) — Autre portrait tiré de Dargenville. — Copie de « Sous un habit de Mezzetin » de Thomassin. — Le colporteur. — Jeune homme prenant la taille d'une jeune femme assise, prête à le frapper de son éventail. — Amusements champêtres. Deux pièces différentes en pendant. — Danse autour d'un mai, arabesques. — Le printemps, pièce en rouge. — Les plaisirs de l'automne, pièce en rouge. — Le repos gracieux, eau-forte tirée en rouge. — Les enfants de Momus. — La vue. — L'ouïe. — Le goût. — L'odorat. — Le toucher. — Figures chinoises. — Balet italien (réduction in-8° de la troupe italienne, gravée à l'eau-forte par Watteau). — L'amour paisible. — La danse, tirée de la galerie du Palais-Royal. — Le qu'en dira-t-on. — Collation champêtre. — Costumes chinois, tirés du cabinet du Roi, 12 p. — Adonis, scène théâtrale publiée à Augsbourg. — Entretiens amoureux. — Le vendangeur, panneau d'arabesques. — Le frileux, panneau d'arabesques. — Le bouffon. — L'enchanteur (eau-forte anonyme). — Les Champs-Elysées, le groupe principal au pointillé. — Les oiseleurs, panneau d'arabesques. — Les plaisirs de la jeunesse, idem. — Le jardinier fidèle, idem. — Bacchus, idem. — Apollon, idem. — Le feu, idem. — La terre, idem. — La sultane. — La joie du théâtre. — Le malade imaginaire. — Armée en marche. — Tête de jeune fille, fac-simile de dessin. — Dame cueillant une rose, idem. — Scène de traineau sur la glace, idem. — Par la tendresse et par les soins, idem. — Les quatre saisons, sujets allégoriques dans des ovales en hauteur. — Gilles. — Revue. — Vue de Vincennes. — L'hiver. — Cinq personnages en costumes de masques, dont un jeune nègre (eau-forte). — Costumes militaires, infanterie, 23 p.

Figures de différents caractères, de paysages et d'études dessinées d'après nature par A. Watteau, gravées à l'eau-forte par les plus habiles peintres et graveurs du temps. Chez Audran et F. Chereau.

Cent trente-deux planches dont le portrait de Watteau par *Boucher* et six feuilles de titre et texte gravées.

Dessins.

Les dessins de Watteau sont fort appréciés. Quoique ce maître en ait produit un nombre considérable, ils commencent

à devenir rares. Ceux du musée du Louvre sont d'une merveilleuse beauté. Le musée de Valenciennes en possède trois
que M. P. Hedouin a attribués par erreur à Ant. Pater ; ils ont
été gravés à l'eau-forte par F. Boucher.

Voici une liste des pièces les plus importantes mises en
vente à Paris depuis dix ou douze ans.

1. — Buste d'homme avec main. Mine de plomb et sanguine.

2. — Deux bustes de dames, dos et profil. Crayon noir et
sanguine.

3. — Jeune amoureux assis, penché. Crayon, mine de plomb
et sanguine.

4. — Croquis de deux dames assises, en buste. Aux trois
crayons.

5. — Jeune dame debout, vue de dos et retournant la tête.
Sanguine.

6. — Dame en pied, vue de dos et retournant la tête. Dessin
aux trois crayons.

7. — Foire de Bezons : cavaliers, voiture et nombre de
figures. Dessin capital à la sanguine.

8. — Le rémouleur gagne-petit. Sanguine et pierre d'Italie.

9. — Trois têtes et buste de jeunes femmes. Sanguine.

10. — Jeune femme assise, couchée sur un tertre. Sanguine.

11. — Quatre figures de femmes portant le costume de la fin
du règne de Louis XIV. Deux figures sont debout, deux sont
assises. L'une de ces dernières tient un livre sur ses genoux.
Dessin à la sanguine sur papier blanc.

12. — Femme assise sur une chaise longue. Dessin à la sanguine et au crayon noir sur papier blanc.

13. — Jeune femme debout, vue de dos, retenant sa robe.
Etude aux trois crayons, gravée à l'eau-forte par Boucher. (Provient de la collection de Mme de Pompadour.)

14. — Jeune femme nue, couchée sur un lit. Derrière elle
une autre femme tenant une seringue. Figure académique
exécutée d'après nature, aux trois crayons et très-étudiée.

15. — Jeune femme en pied, assise, feuilletant un livre placé
sur ses genoux. Dessin d'une grande élégance, à la mine de
plomb, au crayon noir et à la sanguine, sur papier jaunâtre.
(Collection de Mme de Pompadour.)

16. — Tête d'étude pour une figure habillée en pierrot. Au
bas, écrit de la main de l'artiste, *Syroie*, nom probablement
de l'acteur. Dessin très-remarquable comme expression et
comme exécution. Aux trois crayons sur papier blanc.

17. — Joueur de musette ; croquis, sanguine.

18. — Trois figures de dames debout et assises. Sanguine.

19. — Costumes de comédiens. Deux dessins à la sanguine.

20. — Une jeune veuve. Très-beau dessin aux trois crayons ;
a été gravé.

21. — Suisse vu de dos, portant hallebarde, dessin à plusieurs crayons. (Cabinet Greveratti.)

22. — Deux têtes de vieillard. Sanguine. Au verso, étude de garçon.

23. — L'Escarpolette. Sanguine.

24. — Saint-Pierre de Rome. Sanguine.

25. — Tête à la plume.

26. — Deux têtes de femmes. Aux trois crayons.

27. — Tête de Pierrot. Sanguine rehaussée de blanc.

28. — Etude d'homme jouant la mandoline. Sanguine.

29. — Repas avec des dames. Crayon noir, rehaussé de blanc.

30. — Deux juges assis, vus de dos. Dessin.

31. — Etudes de soldats. Sanguine.

Portraits.

Watteau a plus d'une fois reproduit ses traits, soit en peinture, soit en dessin. Le plus important de ces portraits appartenait à M. de Julienne et l'on assure qu'il est maintenant dans un riche cabinet d'Angleterre. M. P. Hédouin le décrit ainsi :

« Le peintre s'est représenté la tête un peu penchée, tenant de la main gauche une palette et des pinceaux. Au-dessous se trouve M. de Julienne, assis et jouant du violoncelle. Le lieu de la scène est une partie de parc ou de jardin on ne saurait plus agréable. Un cahier de musique entr'ouvert, un chapeau reposent sur le gazon. A quelques pas de ces accessoires est placé un chevalet sur lequel se développe l'esquisse à peine indiquée du tableau en projet. Tardieu en a fait la gravure ; elle est exécutée avec beaucoup de soin et donne l'idée la plus avantageuse de l'œuvre qu'elle reproduit. Au bas on lit ces vers de M. de Julienne, qui, s'ils ne font pas l'éloge de son talent poétique, témoignent du moins de ses sentiments d'estime, d'affection pour l'artiste :

» Assis auprès de toi sous ces charmants ombrages,
» Du temps, mon cher Watteau, je crains peu les outrages ;
» Trop heureux si les traits d'un fidèle burin,
    » En multipliant tes ouvrages,
» Instruisent l'univers des sincères hommages
    » Que je rends à ton art divin. »

Cette composition a été gravée une seconde fois par P. Mercier et, tout récemment, le *Magasin pittoresque* en a publié une copie sur bois.

Dans un autre tableau faisant aussi partie du cabinet de M. de Julienne et dont on a perdu la trace, l'artiste s'était peint « à mi-corps, tenant sa palette et son appui-main, proche d'une table. » Ce portrait, de 5 pouces 6 lignes de haut, sur 4 pouces 6 lignes de large, a été gravé par Lépicié.

Enfin le catalogue de la galerie du même amateur mentionne un très-beau dessin aux trois crayons représentant Watteau « de face, plus qu'à mi-corps ; il tient un crayon de sa main droite, sa gauche est posée sur un portefeuille. »

Voilà les trois types originaux dont se sont inspirés les artistes qui depuis ont voulu faire connaître à la postérité les traits du peintre des fêtes galantes.

Le catalogue du cabinet de M. de La Live (1764), nous apprend que dans cette collection on voyait un portrait de Watteau peint au pastel par la célèbre Rosa Alba Carriera. Cette peinture n'existe plus sans doute et on doit le regretter, car s'il faut s'en rapporter au rédacteur du catalogue, « ce portrait, d'une touche fine et délicate, portait le caractère d'une parfaite ressemblance. »

La ville de Valenciennes a eu la bonne fortune d'acquérir en 1850, à la vente de la galerie du général Despinoy, une très-belle peinture de De Troy, connue par la gravure de Balechou, le portrait de Jean de Jullienne, « chevalier de » l'ordre de Saint-Michel, amateur honoraire de l'Académie » royale de peinture et sculpture, et propriétaire des manu-» factures royales des draps fins et écarlates des Gobelins. »

M. de Julienne est représenté, dans ce tableau, vêtu d'une robe de chambre brodée de fleurs d'argent ; il tient à la main le portrait d'Antoine Watteau.

On sait que ce personnage dont le nom est désormais inséparable de celui du peintre, fut son ami sincère et dévoué, l'héritier de ses dessins et l'éditeur généreux de son œuvre qu'il fit graver par les meilleurs artistes du temps.

« C'est plaisir, dit un écrivain, de voir l'activité, les soins, les démarches sans nombre, la constance enfin de cet excellent Julienne. Rien ne le rebute, rien ne l'arrête ; l'œuvre de Watteau est immense, il en fait rechercher les moindres pièces jusque dans les pays étrangers et y envoie des dessinateurs à ses frais. Des annonces continuelles dans les recueils périodiques du temps le montrent si préoccupé du succès de son entreprise que rien ne lui coûte de tout ce qui peut le mener à bon terme. Editeur officieux et désintéressé, abandonnant le profit aux marchands d'estampes, et ne songeant qu'à la réputation de son ami, il fait comme si sa fortune dépendait de la vente de ces gravures, et ne recule pas devant l'emploi de ce que nous appellerions aujourd'hui « la réclame » Voici, comme exemple, ce qu'on lit dans le *Mercure* de 1754 :

« Pour les œuvres de Watteau, on s'adresse à M. de Ju-» lienne. Chacun des œuvres comprendra quatre volumes de » six cents estampes. Le prix de chaque œuvre sera de 500 » livres pour ceux qui se seront adressés à lui dans le courant » de 1735, passé lequel temps il ne sera plus délivré aucun » exemplaire desdits œuvres que pour la somme de 800 » livres, en cas qu'il en reste. »

» On peut, ajoute l'écrivain auquel nous empruntons ces lignes, sourire de ce zèle un peu indiscret, on n'osera jamais le condamner, tant il est pur et élevé le sentiment qui lui donne naissance. »   *(Magasin pittoresque*, mai 1867.)

III.

PROCÈS DE PATER.

(Voir page 39).

Depuis l'impression de la première partie de ce travail j'ai trouvé le nom du maître de Pater. En 1706, à l'article des recettes « touchant le droit de LX sols que doivent payer ceux » voulant apprendre la peinture par plaisir en dessous de » quelque maître franc, » le registre de la corporation de Saint-Luc, porte la mention suivante :

« De Jean-Baptiste Pater, en dessous de Jean-Baptiste » Guidé.................................... LX s. »

Ce qui a été dit plus haut de l'éducation artistique de Pater n'en subsiste pas moins, car ce Guidez, si complètement inconnu aujourd'hui et qui fut connétable de la corporation en 1707, ne figure pas longtemps au nombre des maîtres peintres de Valenciennes, soit qu'il ait quitté la ville, soit qu'une mort prématurée l'ait enlevé à l'art. Pater n'apprit donc de lui que les premiers éléments et travailla ensuite sous la direction de son père. Il refusa de subir les épreuves de la maîtrise et s'exposa par là aux poursuites de la corporation.

Les procès qu'on lui intenta furent longs, et de part et d'autre on fit preuve d'un acharnement incroyable. La corporation contracta des dettes pour soutenir ses droits et sa victoire lui coûta cher.

Voici quelques-unes des principales pièces du dossier; elles établissent très-clairement la situation des deux parties.

Etiquet

Pour vaquer à l'enqueste de Jean-Bapt. Pater, deffendeur, Contre

Les connestable, maîtres, jurez et suppots des stils des peintres et sculpteurs de cette ville, demandeurs, par requête du 23 septembre 1717,

Par-devant Messieurs les Prevost, jurez et eschevins de la ville de Valenciennes.

Messieurs les eschevins commis aux affaires de mois et conseiller Gillart de Rozel sont priez d'entendre en tesmoignage les tesmoins marquez, lesquels déposeront :

— *Jean-Jacques Le Roy* et *Martin-François Guiot*, sergeans bâtonniers de cette ville :

Qu'il est véritable qu'en leur qualité ils ont assisté les maîtres peintres et sculpteurs de cette ville en la visite qu'ils ont faite le vingt-deux de septembre dernier en la maison près les Chartriers de cette ville, où ledit Jean-Bapt. Pater travailloit;

Qu'il est véritable que pour avoir la porte de ladite maison ouverte on a employé le mensonge en y envoyant un petit garçon frapper et crier que le père dudit Pater l'attendait à l'*Aigle noir*, priant messieurs les commissaires d'interpeller les déposants de déclarer le nom de ce petit garçon, comme aussi le nom de celui ou ceux qui l'ont envoyé;

Que lorsqu'on est entré dans ladite maison ça esté contre la volonté dudit Pater et malgré son opposition;

Qu'estans entré dans la cour de ladite maison avec les nommez Eustace Briffaut et Me Bauduin Le Roy, sculpteurs, et le mommé Denise, peintre, ledit Pater leur a dit qu'ils n'avoient point de qualité pour intervenir aux visites et que c'est particulièrement contre lesdits Briffaut et Denise qu'il s'est emporté de paroles;

Que pendant tout ce temps que les déposants ont resté dans ladite maison, ledit Pater ne leur a fait aucune injure ni de fait ni de paroles.

Qu'il est encore véritable que ledit Briffaut leur ayant dit de foncer les portes de sa chambre, ils ne l'ont pas voulu faire et l'un des déposants luy a répondu : *faites le vous-même si vous le voulez, pour nous n'avons point ces ordres là;*

Que ledit Briffaut ayant ensuite pris ledit Pater par le bras pour le mettre à bas de l'escalier de sa chambre, ledit Pater a pris lors des pierres dont il ne s'est pourtant autrement servi que par menaces;

Qu'il est encore véritable que ledit Pater a offert lors aux déposans d'accompagner l'un d'iceux vers Monsieur le Prevost pour luy faire des remonstrances et empescher qu'on ne crochétât ses portes et a déclaré que si mondit sieur Prevost luy ordonnoit de les ouvrir il les ouvriroit;

Que ledit Briffaut a lors défendu aux déposans de donner cette satisfaction audit Pater et menacé d'aller quérir la garde;

Qu'il est aussy véritable que lorsqu'ils sont sortis de ladite maison avec le tableau et la pierre à broyer couleur qu'on a enlevés audit Pater, celuy est resté tranquil dans sa maison et en a fait fermer la porte;

Qu'il est de plus véritable que lorsqu'on a fait cet enlèvement le nommé Denise, peintre, estoit encore dans ladite maison et qu'il en est sorti avec les déposants, le nommé Briffaut et autres.

Finalement déposeront qu'ils n'ont donné aucune assignation audit Pater pour se voir condamner à la confiscation desdis effets, ni déclaré la personne qu'ils choisissoient pour séquestre.

Suppliant Messieurs les commissaires de leur demander sur le tout raisons et science pertinentes.

— Le sieur *Jacques Rousseau*, bourgeois de cette ville :

Le témoin marginé déposera qu'il est véritable que le 9 juillet 1717 il a loué au sieur Jean-Bapt. Pater une grande chambre basse ayant ses vues sur la rivière d'Escaut, pris dans une maison près le pont des Chartriers de cette ville, pour le prix de quarante patars par mois, que ce jour-là même il a délivré audit Pater la clef de ladite chambre avec une autre de la grande porte de ladite maison pour y entrer quand bon luy sembleroit, que même ils en ont bu le denier à Dieu à la princesse, en cette ville.

— Le sieur *Lecocq*, escuyer, conseiller-secrétaire du Roy :

Le témoin marginé déposera qu'il est véritable qu'il est entré dans la maison près les Chartriers de cette ville lorsqu'on y a fait la visitte des ouvrages dudit Jean-Bapt. Pater;

Qu'il y a vu crocheter les portes et y enlever un tableau représentant une foire de village et une pierre à broyer couleurs;

Qu'il a vu lors dans la cour de ladite maison le nommé Denise, peintre, qui n'en est sorti qu'après ledit enlèvement avec les sergeans, le nommé Briffaut et autres ;

Finalement qu'il est véritable que d'abord que lesdis sergeants, peintres, sculpteurs et autres sont sortis de ladite maison, ledit Pater y est resté et a fait fermer la porte de la rue, le déposant n'ayant point remarqué que ledit Pater se soit mal comporté ni de fait ni de paroles, soit pendant qu'on crochetoit ses portes, soit après.

Etiquet

Pour les connétable, maîtres jurez et suppots des arts de la peinture et sculpture en cette ville, demandeurs par requête du 23 de septembre 1767,

Contre Jean-Baptiste Pater, bourgeois de cette ville, défendeur,

Par-devant Messieurs les eschevins et conseillers de Valenciennes, commissaires en cette partie :

Pour de la part des demandeurs faire leur preuve à laquelle ils sont admis par sentence du 21 septembre dernier; mesdits sieurs sont priés de vaquer au fournissement de cet étiquet et d'entendre les témoins dont leurs noms sont ici marginés, après serment par eux prêté, déposeront :

— *Jean-Jacques Leroy*, sergent de cette ville :

Que le 22ᵉ jour du mois de septembre dernier, en vertu de permission accordée aux maîtres jurez desdits arts, il s'est transporté en une maison non-habitée près du pont des Chartriers, en cette ville, accompagné de François Flament, Jean-Baptiste Le Clercq, maistres jurez, Michel Fiolle, Eustache Briffaut, deux des quatre hommes jurez, Jean-Baptiste Denis et Bauduin Le Roy, anciens desdits arts, pour y faire visite au sujet de leur art de peinture ;

Qu'étant dans la cour de ladite maison il a interpellé par plusieurs fois ledit Jean-Baptiste Pater d'ouvrir les portes des chambres où il travailloit, qui étaient fermées, à effet de procéder à ladite visite ;

Que ledit Pater s'y est fortement opposé et a refusé de les ouvrir, en jurant et blasphémant par le saint nom de Dieu qu'il ne les ouvriroit pas et qu'on n'entreroit pas dans sa chambre ;

Qu'il a traité et appelé lesdits maîtres jurez et autres cy-dessus dénommez, qui estoient alors présens, de gueux, de fripons, de chiens, de lâches et proféré autres injures par luy réitérées ; Que ledit Pater leur a présenté alors le poing au visage en les injuriant ; Que pour ces oppositions, refus, ménaces et injures, un desdits maîtres jurez a été obligé d'aller chez Monsieur le Prévost de ville à effet d'avoir autre permission de crocheter lesdites portes ;

Qu'en effet ce même maître juré est revenu en ladite maison accompagné de Gabriel Caudron, serrurier en cette ville, et par ledit refus et opposition encore alors formés par ledit Pater, m'étant mis en devoir de faire crocheter lesdites portes par ledit serrurier, ledit Pater fit encore une opposition plus violente, prenant des pierres, se mettant au-devant de la porte et continuant et réitérant lesdis juremens et blasphèmes et injures, en disant de plus que le premier qui approcheroit, il lui casseroit la tête avec les pierres qu'il tenoit en mains ;

Qu'en conséquence de cette opposition réitérée, un desdits maîtres jurés est encore sorti de ladite maison pour avoir permission de mondit sieur le Prévost, d'avoir et prendre main forte à effet d'ouvrir lesdites portes pour faire ladite visite et faire la levée des pièces de peinture qui se trouveront travaillées par ledit Pater ;

Que ledit maître juré est revenu en peu de temps avec Martin François Guiot, sergent batonnier de cette ville ;

Que ledit Pater a alors encore fait refus et opposition ;

Qu'en sortant de ladite maison avec lesdits maîtres et susnommés, ledit Pater a suscité des enfans, femmes et autres de crier après eux en leur disant : criez, je vous récompenserai bien ;

Qu'en effet lesdits enfans et autres en assez grand nombre ont fait des cris et tumultes contre lesdits maîtres desdits arts que je déposant et ses autres confrères ont été obligés de menacer et de les faire retirer pour apaiser leurs cris et tumultes ;

Que lesdits maitres jurés et autres de cy dessus qui accom-

pagnoient le déposant n'ont pas insulté ni dit aucune injure audit Pater.

Messieurs,

Les connétables, maistre jurés et supots des ars des peintres et sculpteurs en cette ville, souhaitant de faire la preuve à laquelle ils ont estez admis par votre ordonnance rendue par contestation sommaire le 4 du présent mois contre Antoine Pater, requièrent qu'il vous plaise ,

Messieurs, •

Nommer commissaires et préciser jour et heures pour vaquer à leur enquête et ordonner que les témoins produits soient assignés pour déposer et pour les voir jurer sy bon semble. Ce faisant, etc.

DE Sᵗ-ANGE (procureur).

Etiquet.

Pour servir à l'enquête des conestables, maitres, jurez et supots des ars des peintres et sculpteurs en cette ville, au différent qu'ils soutiennent comme demandeurs, par contestation sommaire du 4 mai 1718,
Contre
Antoine Pater comme étant tenu des fraudes commises par son fils Jean-Baptiste au fait de la peinture,
Par devant messieurs les eschevins commis aux affaires du mois et conseiller de Rosel, commissaire en cette partie.
Mesdits sieurs les commissaires sont suppliés de recevoir l'ordonnance d'admission en preuve, en date du 4 du présent mois, et de la parapher et coter de la lettre A, pour administrer ladite ordonnance.

Le procureur : Sᵗ-ANGE.

Messieurs les commissaires sont aussi supliez d'entendre les témoins dont les noms sont cy marginez, lesquels déposeront après serment prêté par eux de dire vérité :

— Le sieur *Ignace Bouchelet* :
Qu'il est véritable et qu'il est de sa connaissance que Jean-Baptiste Pater, fils d'Antoine, a peint sur une tesse (thèse) quelque figure, laquelle tesse a esté faite pour la profession de sa fille au couvent de la congrégation Notre Dame de Sepmeries ;

— Le sieur *N. Bouchelet*, fils du précédent :
Qu'il est véritable et qu'il est de sa connaissance que Jean-

Baptiste Pater, fils d'Antoine, a peint sur une tesse en velin quelque figure, laquelle tesse a esté faite pour la profession de sa sœur au couvent de Semeries ;

— *N. Dubois* :

Qu'il est véritable que la mère de Jean-Baptiste Pater luy a porté une tesse sur velin sur laquelle il y avoit quelque figure de pinte, pour sur icelle faire quelques fleurons ; Qu'il a très-bien reconnu et remarqué que cette figure pinte sur cette tesse est de la façon et de l'ouvrage dudit Jean-Baptiste Pater, fils d'Antoine.

Qu'il scay aussi très-bien que cette tesse étoit et avoit été faite pour la profession de la fille du S. Bouchelet au couvent de Semeries.

Prians Messieurs, etc.

18 mai 1718.

Extraits du registre des contestations sommaires.

I.

Sur ce que les connestables et maistres jurez de l'art des peintres auroient fait convenir par-devant messieurs les Prévost, jurez et eschevins de la ville de Valenciennes le nommé Pater pour se voir condamner en l'amende de douze livres tournois porté par l'article trente et un des chartes dudit art et à la confiscation de la pièce d'ouvrage, parceque ledit Pater fils avoit travaillé à achever un tableau, ce qu'il ne pouvoit faire suivant la transaction faite entre eux le trois de ce mois et ledit article trente et un, à quoi M. St-Ange, pour lesdits connestables et maistres jurez, avoit conclud et aux despens ; comparans lesdis Pater auroient dit qu'il avoit cru pouvoir achever ledit tableau qui n'étoit qu'esbauché pour pouvoir en faire un profit comme il luy estoit permis par ladicte transaction, et par ledit St-Ange fut réplicqué qu'il s'en tenoit aux termes de ladicte transaction qu'il faisoit devoir de produire, persiste, insiste.

Mesdits sieurs ayant veu et examiné ladicte transaction et article trente un desdites chartes, ont condamné et condamnent ledit Pater en six livres tournois d'amende et aux despens, deffence à luy de récidiver à peine de passer par la rigueur de l'article trente un desdites chartes.

Ainsi fait et prononcé aux parties en jugement, à Valenciennes ce vingt-quatre février mil sept cent dix-huit.

II.

Sur ce que les connestable et maitres jurez de l'art des peintres et sculpteurs, assistés de maitre St-Ange, leur procureur, auroient fait convenir par devant messieurs le Prévost, jurez et eschevins de la ville de Valenciennes, le nommé Antoine Pater pour se voir condamner en l'amende de douze livres portée par l'article trente un des chartes des dits arts et aux despens pour, par le fils dudit Pater (du fait duquel il est demeuré responsable en vertu d'une transaction du trois février mil sept cent dix-huit), avoir travaillé à la peinture quoy que non franc ; comparant ledit Pater assisté de M. Delecourt son procureur, auroit dit que son fils ne travailloit que chez M. l'Intendant qui l'avoit pris pour son peintre, pourquoy il concluoit au renvoy des demandeurs avec despens et pour lesdis connétable et maitres fut dit que ledit Pater fils travaillait ailleurs que chez M. l'Intendant à qui il faisoit paier le prix de ses tableaux, ce qui étoit directement contrevenir ausdites chartes, que d'ailleurs il avait encore peint une thèse pour la profession de la fille du sieur Bouchelet, et par le défendeur fut dénié et persisté.

Mesdits sieurs, ouies les parties, ont admis et admettent le défendeur à vérifier que son fils est aux gages de M. l'Intendant et qu'il ne reçoit aucun prix ou profit des tableaux qu'il fait pour luy, et les demandeurs à vérifier que ledit Pater a peint une thèse au sujet de la profession de la fille du sieur Bouchelet. Despens réservés.

Ainsi fait et prononcé aux parties en jugement, à Valenciennes le 4 mars mil huit cent dix-huit.

IV.

ŒUVRE DE PATER.

(Voir page 45).

L'œuvre gravé de Pater n'est pas aussi nombreux que celui de Watteau, il s'en faut de beaucoup ; il est néanmoins fort difficile à rassembler. Les belles épreuves sont rares et se vendent très-cher. Pater a gravé lui-même à l'eau-forte une planche représentant un camp ; on y voit des officiers en conversation avec des dames et, à gauche, un soldat tenant son fusil sous le bras.

Voici la liste des principales gravures exécutées d'après les tableaux ou les dessins de cet artiste : elles sont rangées suivant l'ordre alphabétique des noms de graveurs :

AUDRAN. B.

Ragotin déclamant ses vers, des paysans croient qu'il prêche (roman comique).

AVELINE.

Plusieurs gravures d'après des dessins, dont deux ont appartenu à M. Hédouin.

DUFLOS.

Le bain. — La feste italienne. — La fête de Saturne.

FILLEUL.

La belle bouquetière. — L'agréable société. — La danse au village. — Les amants heureux. — L'amour et le badinage. — Le cocu battu est content. — Le glouton. — Le baiser donné. — Le baiser rendu. — Le concert amoureux. — La conversation intéressante. — La courtisane amoureuse. — Les plaisirs de la jeunesse. — Le colin-maillard. — Les aveux indiscrets. — La matrone d'Ephèse. — Le savetier.

GALIMAR.

La peintresse.

JEAURAT.

Bataille arrivée dans le tripot, qui trouble la comédie (roman comique). Le poète Roquebrune rompt la ceinture de sa culotte en voulant monter à cheval à la place de Ragotin (même suite).

DE LA LIVE.

L'âge d'or ; six enfants dont un dans un chariot traîné par deux chiens. — Pendant du précédent ; sept enfants jouant ensemble.

DE LARMESSIN.

Les aveux indiscrets.

LEBAS.

Mademoiselle Dangeville, la jeune, représentée en Thalie, entourée de génies sous différents costumes comiques. — Les vivandières de Brest. — L'officier galant.

LÉPICIÉ.

Pyramide d'ailes et de cuisses de poulet élevée sur l'assiette du Destin par Mme Bouvillon (roman comique).

PATAS.

Le may.

RAVENET.

L'orchestre de village. — Marche comique.

SCOTTIN.

Le petit poinçon. — Arrivée de l'opérateur à l'hôtellerie (roman comique).

SURUGUE LOUIS.

Le désir de plaire. Dame à sa toilette servie par des chambrières. — Les plaisirs de l'été. Dame sortant du bain. — Arrivée des comédiens dans la ville du Mans. — La Rapinière tombe sur la chèvre. — Mme Bouvillon ouvre la porte à Ragotin qui lui fait une bosse au front. — Mme Bouvillon, pour tenter le Destin, le prie de lui chercher une puce. — Ragotin à cheval, sa carabine lui part entre les jambes. — Ragotin retiré du coffre.

TARDIEU.

L'aimable entrevue.

ANONYMES.

Le bivouac. — Intérieur d'un camp (eau-forte originale). — Pastorales. Deux pièces en hauteur. — L'essai du bain.

V.

NICOLAS VLEUGHELS

(Voir page 25.)

Mariette, si injuste envers Pater, n'a pas montré plus de bienveillance à l'égard de Vleughels auquel il ne se contente pas de dénier tout talent, mais qu'il dépeint comme un intrigant sans pudeur. On a cru trop longtemps sur parole ce méchant confectionneur de catalogues ; la postérité doit juger les artistes d'après leurs œuvres et non d'après les critiques partiales des contemporains. Vleughels vaut mieux que la réputation qui lui a été faite par l'auteur en question ; les deux tableaux du musée de Valenciennes, *le Lever* et *la Toilette*, sont des œuvres de mérite, dans leur genre un peu leste, et justifient la vogue dont les compositions de ce peintre ont joui au commencement

du XVIII⁰ siècle. Il répugne de croire qu'il ait dû exclusivement à l'intrigue le poste éminent de directeur de l'Académie
de France à Rome, et la décoration de l'ordre de Saint-Michel.

Bon nombre des tableaux de Vleughels ont été gravés,
soit à l'eau-forte, soit au burin, par J. Chéreau, Ch. Nicolas
Cochin, Pierre Drevet le fils, N. Édelinck, Nicolas Haussard,
Marie Herthemelz, femme Belle, Edme Jeaurat, N. de Larmes-
sin, Joseph Lebas, Nicolas Pitau le fils, Ch. Simonneau l'aîné,
L. Surugue, N. Tardieu, H.-S. Thomassin, S. Vallée, etc.

Voici les titres de quelques-unes de ces gravures :

Fille de Rome dotée. — Uranie et Polymnie. — Mort de
Didon. — L'amitié généreuse. — La nativité de la Vierge. —
Le feu. — La jument du compère Pierre. — Frère Luce. —
Le bast. — Le villageois qui cherche son veau. — Télémaque
dans l'île de Calypso. — Tethys plongeant Achille dans le
Styx. — L'amour indiscret.

VI.

ŒUVRE DE CHARLES EISEN.

(Voir page 63.)

Je ne crois pas que personne ait jamais songé à réunir, ou
même seulement à cataloguer l'œuvre d'Eisen ; ce serait une
entreprise bien difficile, on formerait une nombreuse bibliothèque des seuls livres illustrés par cet artiste. Ouvrages de
philosophie, de science, d'histoire ou de littérature, indiffé-
remment, il a tout orné de ses délicieuses compositions; son
crayon a créé des vignettes ou des allégories pour tous les
genres. Ces livres, tirés à grand nombre d'exemplaires en
général, se rencontrent encore fréquemment ; mais ce qu'il est
plus rare de trouver, ce sont les épreuves séparées des gravures. Les amateurs y attachent beaucoup de prix. Les plus connues de ces estampes sont les suivantes ;

ALIAMET.

La chercheuse d'esprit (pour l'opéra de Favart).

BAQUOY.

Le printemps. — L'été. — L'automne. — L'hiver.

BASAN.

L'amour européen. — L'amour asiatique.

CAQUÉ.

Pygmalion épris de sa statue.

CHEVILLOT.

La vieille de bonne humeur. — La cuisinière charitable.

DORGEZ.

Les premiers aveux.

EISEN.

Saint Jérôme, eau-forte. — Vase. — Fontaine.

DE FEHRT.

La double fécondité. — Les villageois.

FISCHER.

La fête à la maman, manière noire.

GAILLARD.

Le bouquet, enfants souhaitant la fête à leur mère. — L'accord du mariage. — Deux têtes d'enfant.

DE GHENDT.

Pygmalion.

JUILLET.

La ramasseuse de cerises.

LEBEAU.

La vertu sous la garde de la fidélité. — Les désirs satisfaits.

LEBAS.

Le tric-trac. — La comète.

DE LONGUEIL.

Le matin. — Le midi. — L'après-midi. — Le soir. — La belle nourrice. — Le printemps. — L'été. — L'automne. — L'hiver. — Les amusements champêtres. — Le bal champêtre. — Les plaisirs champêtres. — Concert méchanique inventé par R. Richard, 1769. — Le concert champêtre. — La jolie fermière.

LE MIRE.

Buste de Voltaire accosté de deux génies.

PATAS.

Les désirs satisfaits. — Le jour du mariage. — La nuit du mariage.

PUJOL DE MORTRY.

L'Amour baisant sa mère. — Principes de paysage, pour apprendre à dessiner à la plume, dédiés à Mlle de Malézieu, 1770.

TARDIEU.

Le cas de conscience. — Le Gascon. — La gageure des trois commères. — Le petit donneur d'avis.

VOYEZ, AINÉ.

La dame de charité.

ANONYMES.

Mademoiselle Duplan, actrice. — Rosette endormie. — Le modèle enchanteur. — Bal chinois, chez François. — Le bouquet bien reçu. — Le mouton chéri. — Indulgence plénière donnée par le pape Clément XI pour la confrérie de Saint-Luc des peintres et sculpteurs. — Vierge donnant le sein à l'enfant Jésus (eau-forte). — Enfant tenant des fleurs et fruits (eau-forte).

Les dessins d'Eisen, à la mine de plomb, au lavis ou à la plume, sont traités avec une admirable délicatesse. Divers catalogues de ventes m'ont fourni l'énonciation des sujets qui suivent, malheureusement on ne fait pas connaître les noms des amateurs qui les ont acquis et la trace de la plupart de ces petits chefs-d'œuvre est désormais perdue.

1. — Bacchus retournant dans l'île de Naxos, d'après un bas-relief d'ivoire (composition de quatorze enfants).

2. — L'Histoire, vignette lavée à l'encre de Chine.

3. — Flore, idem.

4. — Médaillon soutenu par plusieurs guirlandes de fleurs (aquarelle).

5. — Halte militaire (plume et aquarelle).

6. — Pastorales, deux charmants dessins (mine de plomb).

7. — Junon venant voir Neptune dans son palais (plume et lavis).

8. — Annonciation (plume, lavis à l'encre).

9. — Minerve, entourée des arts, soutient un portrait au-dessus d'un cartouche (mine de plomb sur vélin).

10. — Apollon près d'un vieillard tenant un livre ouvert, entourés de bestiaux (mine de plomb sur vélin).

14

VII

LOUIS ET FRANÇOIS WATTEAU.

(*Voir page 73*.)

On a parfois émis des doutes sur la filiation de Louis Watteau et sur son degré de parenté avec Antoine. Cependant les livres de l'état-civil n'offrent pas d'équivoque. Il suffira de citer un acte, celui du premier mariage de Noël Watteau ; on verra que ce personnage était bien, comme Antoine, le fils légitime de Jean-Philippe et de Michelle Lardenois.

Paroisse Saint-Jacques.

« L'an mil sept cent vingt-un, le troisième jour du mois de
» novembre, après la publication des trois bans de mariage
» faits à la messe paroissiale par un dimanche et deux fêtes
» consécutifs, entre Noël Watteau, fils de feu Jean-Philippe et
» de Michelle Lardenois, et Jeanne Fourniez, fille de Joseph
» et de feu Jeanne Rachat, tous les deux de cette paroisse,
» je, Mre J.-B. Gobau, prêtre et vicaire de Saint-Vaast-Saint-
» Jacques en Valenciennes, diocèse d'Arras, soussigné, avec
» la permission de M. A. Heam, prêtre curé de la susdite pa-
» roisse de Saint-Vaast-Saint-Jacques, et doyen de chrétienté
» au diocèse d'Arras, ai reçu d'eux la promsese et le consen-
» tement de mariage et leur ai donné la bénédiction nuptiale
» en présence de Charles Dubois et Louis Hollande, qui ont
» signé avec moy. »
Louis-Joseph était issu d'un second mariage de Noël.

Les plus connues des gravures exécutées d'après les dessins et les tableaux de Louis Watteau sont celles-ci :
— Quatorzième expérience de M. Blanchard à Lille, le 26 août 1785. Par Helman, graveur lillois.
— Entrée de M. Blanchard à Lille, après l'ascension, le 26 août 1785. Même graveur.
— Confédération à Lille, le 14 juillet 1790. Idem.
— Mort du marquis de Montcalm-Gozon. Louis-Joseph, marquis de Moncalm-Gozon, lieutenant-général des armées du Roi, tué au combat de Quebec en 1709, enterré par son ordre dans un trou creusé par une bombe. A ce même combat fut tué le général Wolf qui commandait l'armée anglaise. Les deux généraux expirèrent de leurs blessures à peu près au même instant. Gravé par Chevillet.
— Bombardement de Lille. Par Masquelier.
— Deux sujets faisant pendants, gravés à la manière noire par M. de Pujol de Mortry. Le premier représente l'intérieur d'un corps de garde ; le second un grenadier prenant congé de sa maîtresse.

— Trois sujets militaires. Par le même graveur.

— Un très-grand cartouche servant aux francs-maçons de Valenciennes. Par le même.

— Tête de Saint-Augustin. Idem.

— Deux petits sujets gravés dans la manière du lavis. Idem.

— Groupe de deux anges, gravé dans la manière du crayon. Idem.

— Costume de femme relevée de couche, se promenant.

— Dame de distinction.

— La jeune Elvire.

— Costumes français ; habillements à la mode de 1787.

— Costume de petit maître au Palais-Royal.

— Portrait de Lantara, en pied, dans sa chambre. 1776.

— La marchande de bouquets, gravée en couleur par Guyot.

— La marchande d'oranges. Idem.

— Quoi! pas même la main! Par Fessard.

— Un baiser ou ta rose! Idem.

— Effet de la ribotte. Par Ch. Beurlier.

— Costumes de l'époque de Louis XVI et de la République.

— Sujets militaires. Sept pièces.

— La bonne petite sœur promenant son petit frère. Par Dupin.

— Chapeau galant. Idem.

— Chapeau à l'Andreman. Idem.

— Bonnet à l'enfant. Idem.

— Chapeau à la Zinzara. Idem.

— L'aimable constance.

— L'innocente curieuse.

— La jeune insouciante.

— La brillante Lise.

Quelques-uns de ces dessins de costumes, attribués à Louis Watteau par les catalogues, pourraient bien être de son fils. Une comparaison attentive du genre de l'un et de l'autre pourrait seule faire résoudre cette question ; mais ces estampes sont rares et peu d'amateurs les possèdent dans leurs collections.

A la liste des tableaux de François Watteau, donnée page 79, il faut ajouter deux toiles importantes appartenant à M. J.-B. Meurice : *La bataille des Pyramides* et le *Siège de Beauvais*, avec Jeanne Hachette, ou mieux le *Siège de Lille*, avec Jeanne Maillotte.

FIN.

TABLE DES MATIÈRES

110

Imprimerie de Louis HENRY, Marché-aux-Poissons, 2, à Valenciennes.

www.ingramcontent.com/pod-product-compliance
Lightning Source LLC
Chambersburg PA
CBHW052215270326
41931CB00011B/2362